내 꿈을 이루기 위한 4 Steps

셋업 Set Up

셋업

발행일	2016년 6월 15일

지은이	고 영 재
펴낸이	류 정 은
펴낸곳	인스피레이션
출판등록	제2016-000015호
주소	경기도 성남시 분당구 정자일로 177 C동 812
전화번호	0502-700-0115 팩스 031-726-1006

ISBN	979-11-957353-0-3 03320(종이책)　　979-11-957353-1-0 05320(전자책)

이 도서의 국립중앙도서관 출판예정도서목록(CIP)은 서지정보유통지원시스템 홈페이지(http://seoji.nl.go.kr)와
국가자료공동목록시스템(http://www.nl.go.kr/kolisnet)에서 이용하실 수 있습니다.
(CIP제어번호 : CIP2016014117)

내 꿈을 이루기 위한 4 Steps

셋업
Set Up

고영재 지음

교육컨설팅 분야 전문가가 4단계로
핵심을 찍어주는 '나만의 길찾기' 매뉴얼

인스피레이션

프롤로그

나는 내 인생의 진정한 주인인가?

네 사람분의 일을 혼자서 거뜬히 해낼 정도로 힘이 센 남자가 있다. 이름은 게라심. 게라심은 힘도 세지만 묵묵히 자신의 일을 해나가는 성실한 사람이었다. 그러나 안타깝게도 게라심은 듣지도 말하지도 못하는 장애를 가지고 있다. 그보다 더 안타까운 점은 그가 농노라는 사실이다. 농노란 노예와 같이 지주에게 속해 있는 사람으로 자신의 의지와는 상관없이 살아야 했던 피지배 계급을 일컫는다. 그들에겐 거주에 관한 권리도, 결혼에 관한 권리도 없다.

그런 게라심에게 사랑하는 사람이 생긴다. 같은 처지에 있던 타티야나라는 여자에게 연모의 감정을 느끼게 된 것이다. 하지만 노예에게 자유로운 선택이란 있을 수 없는 일이다. 소중한 것이 생기면 자신에게 저항할지도 모른다는 두려움에 지주는 타티야나를 다른 농노에게 시집 보내 버린다. 게라심은 깊은 슬픔과 좌절감을 느낀다. 하지만 농노인 자신이 할 수 있는 것은 아무것도 없다. 다만 그 사실을 좀 더 가슴 깊이 받아들일 뿐.

슬픔의 시간을 보내고 있던 어느 날, 우연히 강가 진흙 펄에서 버둥거리고 있는 강아지를 보게 된다. 자신의 처지가 투영되었던 것일까? 게라심은 그 강아지를 구해 자신의 숙소로 데려와 지극정성으로 기른다. '무무'라는 이름도 지어 주었다. 어쩌면 사랑의 깊은 상처를 달래기 위한 방편이었을지도 모르겠다. 인간이 아닌 동물을 사랑하면, 지주의 눈에 거슬리지 않을 것이라고도 생각했을 것이다.

하지만 주인에겐 대상이 무엇인가는 중요하지 않았다. 농노에게 자신만의 감정이 생기는 것 자체를 허락할 수 없었던 것이다. 그리고 이번엔 한 술 더 떠서 무무를 죽이려고까지 한다. 이를 알아챈 게라심은 주인이 그렇게 하기 전에 자신이 무무를 죽이기로 결심한다. 미워하는 사람의 손에 죽는 것보단 사랑하는 자신의 손에 죽는 것이 더 나을 것이라고 생각했기 때문이다. 그것이 농노인 자신이 무무를 위해 해 줄 수 있는 유일한 일이라고 판단했던 것이다.

무무가 좋아하던 음식으로 마지막 만찬을 차려주며 게라심은 하염없는 눈물을 흘린다. 그렇게 마지막 식사가 끝난 후 배를 타고 강가로 나아간 게라심은 무무의 목에 벽돌을 묶은 노끈을 걸어 강물에 던진다. 그렇게 게라심은 또 한 번 사랑하는 대상을 떠나 보낸다.

또 한 번의 아픔으로 인해 어떤 깨달음이 있었던 것일까? 항상 자신의 삶을 당연시하며 주인에게 충성하던 게라심은 무무를 죽인 뒤, 지주로부터 도망친다. 그리고 고향으로 돌아가 남은 인생을 살아간다. 주인으로부터 자유로워졌지만, 게라심은 이후로 여자를 절대로 쳐다보지 않았고, 한 마리의 개도 기르지 않았다.

참으로 많은 생각을 하게 하는 이 이야기는 러시아의 문호, 이반 투르게네프가 쓴 '무무'라는 제목의 단편소설이다. 강신주 박사는 그의 책 '감정수업'에서 이 소설을 인용하여 '삶의 주인이 되기 위해 극복해야 할 노예의식'을 설명한다. 게라심이 사랑하는 대상을 잃은 상실감을 경험하면서 자기 내면의 감정을 인식하고 주체적인 결단을 내렸던 것처럼, 자신의 삶의 진정한 주인이 되기 위해서는 결국 내면을 들여다봐야 하고 자신의 감정을 정확히 인식해야 한다는 것이다. 내 감정이 무엇인지 정확히 파악될 때 내가 원하는 것이 무엇인지도 정확히 알 수 있을 것이기 때문이다.

지난 수년간 여러 대학과 기업에서 강의를 진행해 오면서 자신의 인생에 대해 고민하는 수많은 사람들을 만났다. 놀라운 점은 그 중에는 누구나 부러워할 만한 스펙과 경력을 가진 사람들도 많았다는 것이다. 힘이 세고 성실했던 게라심처럼, 자신의 분야에서 유능하고 성실한 삶을 살고 있지만 진정으로 원하는 삶을 살지 못한다고 느끼는 사람들이 참으로 많았다. 고민의 세부적인 내용은 저마다 달랐지만, 자신이 진정으로 무엇을 원하는지 그리고 무엇 때문에 고민하고 있는지를 분명히 알고 싶어 한다는 점에서는 크게 다르지 않았다.

그들 중에는 사회적 분위기와 부모님의 기대에 억눌려 사는 사람도 있었고, 어린 시절 상처로 인해 인정받고자 하는 욕구에 집착하는 사람도 있었다. 또 자신의 적성에 대해서는 생각해 볼 겨를도 없이 남들이 가는 곳을 향해 무작정 달리고 있는 사람도 있었다.

표면적으로 보여지는 선택만으로 어떤 길이 옳다고 단정지어 말할 수는 없다. 사람마다 그 길을 선택한 이유가 다 다를 것이고 범법이 포함된 것이 아니라면 모든 선택은 가치 중립적으로 평가되어야 하기 때문이다. 하지만 그 선택이 주도적이었는지 그렇지 않은지는 매우 중요하다. 현실적으로 내가 원하는 것만 선택할 순 없겠지만, 어떤 선택이라도 스스로 판단하고 결정한 것이 아니라면 두고두고 후회스러울 것이기 때문이다. 주도적인 선택은 삶의 '의미', '행복'과 깊은 연관이 있다. 자신이 원하는 삶을 발견하고 주도적인 삶을 사는 사람은 행복하다. 삶 속에서 자신만의 의미를 발견한다. 이런 사람들의 삶에는 열정이 있다.

책을 쓰게 된 근본적인 이유가 여기에 있다. 이 책은 자신의 인생을 스스로 설계하고 만들어 가기를 원하는 사람들을 위해 쓰여졌다. 자신의 내면적 특징을 고려하지 않았을 때 어떤 문제가 생기는지, 자신을 이해하려면 어떤 것들을 고려해야 하는지, 또 그런 특징들이 자신만의 커리어를 만들어 가는 데 어떻게 연결되어야 하는지에 대해 큰 그림을 그려 주려는 의도에서 본서를 쓰게 됐다. 따라서 취업과 관련한 부분을 다루긴 하지만 취업 자체가 목적은 아니다. 어떻게 하면 면접을 쉽게 통과하고 지원한 회사에 쉽게 합격할 수 있는지에 중점을 두지는 않는다는 의미다. 그보다는 '스스로 자신만의 길을 만들어가기 위한 관점을 형성'하는 것에 목적이 있다.

관점이 형성되려면 일정 기간의 사고 과정을 거쳐야 한다. '좋아하고 잘하는 일을 하라'는 식의 단순논리만으로는 관점이 형성되긴 어렵다. 그것이 왜 중요하고 필요한지 거시적인 관점에서 천천히 생각해 보는 과정이 필요하다. 자신에 대해 생각해 볼 시간을 충분히 가져봐야 한다.

- ✔ 나는 누구인가?
- ✔ 나는 무엇을 원하는가?
- ✔ 나는 어떤 인생을 살고 싶은가?
- ✔ 그것을 찾기 위해 무엇을 해야 하는가?

이런 질문에 대한 답을 찾아가는 과정으로 이 책을 활용하기 바란다.

이 책은 경희대학교 국제캠퍼스에서 지난 6년간 실시해 온 진로 수업 중 '기본적인 내용'들을 책으로 정리해 놓은 것이다(분량상의 이유로 모든 주제를 다루지는 못했다). 경희대뿐 아니라 서울대, 카이스트, 고려대 등 다양한 대학에서도 본서의 내용들이 활용되었다. 대학에서 진로와 관련된 수업을 진행하는 과정에서 학생들의 생각이 바뀌고 주도적으로 변화되어 가는 것을 수없이 목격했다. "제가 고민하는 이유를 분명히 알게 되었습니다", "앞으로 무엇을 어떻게 해야 할지 알 것 같습니다", "근본적인 문제는 내면에 있다는 것을 알았습니다" 등 강의를 통한 학생들의 변화는 생각 이상이었다. 그런 학생들을 통해 "수업 내용을 다시금 정리할 수 있으면 좋겠다"

는 이야기를 여러 번 들어왔고, 그런 말들이 계기가 되어 자연스럽게 책으로 엮어지는 것으로 이어지게 됐다.

대학생 이외에도 취업 준비생, 이직을 하고자 하는 사람, 은퇴 후 재취업을 원하는 성인 등 다양한 사람들에게 본서의 내용이 활용되고 있다. 자신만의 커리어를 만들어가는 과정은 평생에 걸쳐 반복되는 일이기 때문이다.

단순한 이론이 아니라 현장에서의 적용이 병행되면서 쓰여진 책이기 때문에 본서에는 자신의 길을 찾기 원하는 사람들에 대한 '진심'이 담겨 있다. 그들의 고민과 아픔에 대해 작은 도움이라도 되고자 하는 '간절함'이 담겨 있다. 모든 사람들이 자신의 본래 모습대로 잠재력을 깨웠으면 하는 '소망'이 녹아 있다.

책의 특징

위와 같은 이유로 책이 쓰여졌기 때문에 최대한 쉽고 간결하게 쓰려고 노력했다. 강의를 들은 사람들이 본서를 읽게 되면 들었던 내용들이 체계적으로 정리될 수 있도록 내용을 단계적으로 재구성했다. 따라서 강의를 듣지 않은 독자들도 전체적인 내용이 쉽게 들어올 것이라 생각한다(부디 그랬으면 좋겠다).

강의한 내용을 책으로 엮다 보니 제한적 요소도 있었다. 강의에는 일방적인 지식 전달을 넘어서는 상호작용이 가능하고, 무엇보다 각각의 주제에 대해 스스로 생각해 보고 정리하는 시간들이 포함되어 있기 때문이다. 따라서 본서를 단순히 지식 습득하듯이 읽기만 한다면 별 도움이 되지 않을 것이다. 책의 내용을 읽고 각각의 단계에 제시된 내용을 자신의 삶에 적용해 보길 권한다. 그 과정에서 의미 있는 변화가 분명히 일어날 것이다. 실제로 강의를 들은 학생 중 가장 커다란 변화가 일어났던 학생들은 강의 내용을 기반으로 자신만의 포트폴리오를 만들고 실천했던 학생들이었다. 형식은 상관없다. 제시된 내용을 근거로 정보를 정리하고 구체적인 실행계획을 세워보라. 거기에 실행이 뒷받침된다면 기대 이상의 효과를 얻을 수 있을 것이다.

책의 구성

이 책을 읽는 독자들은 대부분 휴대전화나 컴퓨터에 원하는 프로그램을 설치해본 경험이 있을 것이다. 프로그램 설치 시에는 보통 'Set Up'이라고 불리는 파일을 실행시키게 되는데, 이후 몇 가지 Step(단계)이 나타나고 그 Step(단계)마다 자신에게 필요한 기능들을 지정해 나가면 결국 프로그램 전체가 잘 설치돼 기대했던 기능을 사용할 수 있게 된다.

필자는 자신만의 길을 만들어 가기 위한 관점을 형성하는 과정 역시 'Set Up'이라고 부르려고 한다. 본서는 관점의 Set Up을 위한 4Step(단계)으로 구성되어 있다. 앞으로 나올 네 개의 소제목들은 그 Set Up과정에 필수적인 Step(단계)들이다. 각 단계를 거치면서 진로선택에 필요한 요소들을 발견하게 되고, 모든 단계가 종료된 이후에는 스스로 주도적인 선택을 하기 위해 무엇을 고려해야 하는지가 정리될 것이다. 즉 관점이 형성돼 있을 것이다.

1단계 '기초 셋업'에서는 합리적인 진로 프로세스의 각 단계와 중요성을 다룬다. 2단계 '나 셋업'에서는 합리적인 진로 프로세스의 첫 단계로 자기이해의 기본 요소인 가치, 흥미, 성격, 재능을 설명한다. 특히 이러한 요소들이 어떻게 통합되어 연결되는지를 살펴본다. 아울러 이러한 정보들을 자아성찰 능력으로 발전시켜 나가기 위한 방법을 제시한다. 3단계 '정보 셋업'에서는 기업의 채용원리를 중심으로 나에 대한 정보들을 직업 정보들과 어떻게 연결시켜야 하는가를 생각해 본다. 또한 남들보다 한 발 앞선 고급 정보들을 어떻게 얻을 수 있는지도 설명한다. 마지막으로 4단계 '마음 셋업'에서는 커리어의 전 과정에서 영향을 미치는 자존감에 대해 살펴보고 자존감을 높이기 위한 실제적 방법들을 제시한다.

고마운 분들

책이 지금의 모습으로 나오기까지 여러 사람들의 도움이 있었다. 언제나 물심양면으로 지원해 주시는 든든한 파트너이신 류정은 대표님께 진심 어린 감사를 드린다. 사실 류 대표님은 본서의 공동저자라고 할 수 있다. 필자의 관점으로 재해석하여 본서를 집필하긴 했지만, 기본적인 내용은 Myers HR Lab의 기존 강의 내용을 기반으로 하고 있기 때문이다. 특히 네트워킹과 역량 부분에서는 류 대표님의 도움을 많이 받았다. 책의 컨셉, 구성 등에서 큰 도움을 주신 아이웰콘텐츠 김성민 대표님과 직원 분들께도 감사

드린다. 이 분들이 아니었다면 Set Up이라는 멋진 컨셉은 탄생하지 못했을 것이다. 마지막으로 참 좋으신 하나님께 진심으로 감사드린다. 내가 하는 일에 누군가를 위한 진심 어린 면이 있다면 모두 그분과의 관계로 인해 생겨난 것임을 고백한다.

부디 이 작은 책이 누군가의 인생의 중요한 순간에 적절한 디딤돌 역할을 하기를 기도한다.

2016년 5월
고영재

차 례

프롤로그 _004

올바른 셋업을 위한 두 가지 제안 _015

·········· **Step 1** ··········
기초 셋업
|
합리적인 진로선택을 위한 기초체력 키우기
··········

1. 문제는 얇은 귀! _024

2. 큰 그림 그려보기 _030

3. 합리적인 진로선택 프로세스 _035

·········· **Step 2** ··········
나 셋업
|
나를 알면 미래가 보인다
··········

1. 나는 나를 어디까지 알까? ①가치 _050

2. 나는 나를 어디까지 알까? ②흥미 _064

3. 나는 나를 어디까지 알까? ③성격 _085

4. 나는 나를 어디까지 알까? ④재능 _118

5. 성찰이 더해져야 진짜 아는 것이다 _143

Step 3
정보 셋업
|
나를 알고 남과 기업까지 알면 백전백승

1. 기업의 인재 채용에는 원리가 있다! _154

2. 보다 질 높은 정보를 얻기 위한 네트워킹 _178

Step 4
마음 셋업
|
진짜 내 인생을 살게 하는 최고의 무기는 자존감 _203

에필로그 _226

참고도서 _230

올바른 셋업을
위한 두 가지 제안

본론에 들어가기에 앞서 올바른 Set Up을 위한 두 가지 제안을 하려 한다. 만약 이 제안에 담긴 원리들을 인식하고 이 책을 읽어 나간다면 주도적인 선택을 위한 '관점 Set Up'이 보다 분명하게 이루어질 수 있을 것이다.

세세하게 살펴보면서 인지를 넓혀가기

한국 남성들에게 변기에 앉아서 소변을 보라고 하면 어떤 반응을 보일까? 아마 십중팔구는 부정적인 반응을 보일 것이다. 실제로 2011년 '앉아서 소변보기'에 대한 네티즌 조사를 보면 "미쳤어? 내가 여자야?! 남자 망신은 다 시키는군!"이라는 의견이 가장 많았다. 필자가 주변 사람들에게 물어봐도 기꺼이 앉겠다고 답하는 사람은 거의 없었던 것 같다.

그런데 놀랍게도 독일의 남성들은 80% 정도가 앉아서 소변을 본다고 한다. 물론 독일 남성들도 처음부터 앉아서 소변 보는 것을 흔쾌히 받아들인 것은 아니다. 그렇다면 어떻게 독일에서는 남성의 좌식 소변문화가 성공적으로 시행될 수 있었을까?

그 답은 1980년대 독일에서 방영된 '서서 소변보기 실험'이라는 TV프로그램에서 찾아볼 수 있다. 서서 소변보기 실험이란 초고속 카메라를 사용하여 소변이 어디까지 튀는지를 살펴본 실험이다. 그 실험에서 소변방울이 최대 3m까지 날아가서 세면대, 수건, 심지어 칫솔에까지 날아가는 것을 그대로 보여주었고, 그로 인해 '당신의 소변 습관이 당신 가족의 위생을 망친다'는 것을 자각시켰다.

그 방송 이후 독일의 많은 남성들이 앉아서 소변을 보기 시작했다. 결국 '세세하게 무언가를 살펴보고 인지하는 과정'만으로 행동에 직접적인 변화를 일으킨 것이다.

이러한 원리는 다이어트에서도 찾아볼 수 있다. 여러 연구 결과에 의하면 다이어트 일기를 지속적으로 쓰는 사람들의 다이어트 성공률이 일기를 쓰지 않는 사람보다 더 높다고 한다. 음식을 적게 먹으려 하거나 아예 먹지 않으려는 '막연한' 노력보다는 일기를 쓰면서 자신이 미처 인식하지 못했던 식습관을 파악하는 것이 구체적인 '문제 인지'를 가능케 하고 실천력을 끌어올리는 동기부여를 시켜주기 때문이다.

이렇듯 어떤 일이든 그 문제를 '세세하고 분명하게 살펴보는 것'만으로 행동의 변화를 불러올 수 있다.

모든 이야기를 시작하기에 앞서 필자가 이러한 원리를 제시하는 이유는 이 책을 읽는 모든 독자가 커리어(이 책에서 '커리어'와 '진로'라는 단어는 같은 의미로 사용된다는 것을 밝혀둔다)라는 영역에도 이 원리를 적용하기를 바라기 때문이다.

앞으로 계속해서 강조하겠지만, 커리어는 자신이 '보는 만큼만 선택할 수 있는 것'이다. 따라서 책에서 제시하는 커리어와 관련된 몇 가지 중요한 이슈들을 세세하게 살펴보는 과정을 충분히 겪어 가기를 권한다. 그 과정을 천천히 겪어 가는 것만으로도 당신의 선택의 폭과 깊이는 분명히 달라질 것이기 때문이다.

조급하게 결론을 내리려 하지 말고 커리어와 관련된 몇 가지 이슈들을 자신의 삶에 대입하면서 천천히 살펴보는 과정을 겪어나가는 데 초점을 두고 시작하자. 그 과정에서 자연스럽게 최상의 선택에 이르는 내면적 준비를 위한 터가 다져질 것이다.

질문의 힘을 이해하고 활용하기

미국 워싱턴 주에 있는 제퍼슨 기념관은 돌로 된 기념관의 벽이 심하게 부식되고 있었다. 그에 따른 방문객들의 불만이 점점 커지고 있었고, 기념관의 이미지 역시 나빠지고 있었다. 게다가 청결 유지를 위한 비용과 시간 역시 만만치 않았다.

이 기념관은 1943년에 설립되었기 때문에 돌을 교체하는 것이 유일한 해결방안으로 여겨졌다. 만약 문제의 원인을 그렇게만 생각하고 해결방안을 찾았다면 벽돌을 교체하고 새로 보수하는 방안만이 유일한 방법으로 제시되었을 것이다.

그러나 기념관장은 벽이 부식되는 이유에 대해 알아보기로 하고 질문을 던지면서 그에 대한 답을 찾아가기 시작했다.

문제: 기념관의 돌로 만들어진 외벽이 빠른 속도로 부식되고 있다.

(1Why) 왜 벽이 부식되는가?

→ 직원들이 필요 이상으로 돌을 너무 자주 닦아서

(2Why) 왜 돌을 자주 닦는가?

→ 비둘기 똥이 많아서

(3Why) 왜 비둘기 똥이 많은가?

→ 비둘기가 좋아하는 거미가 많아서

(4Why) 왜 거미가 많은가?

→ 거미가 좋아하는 나방이 많아서

(5Why) 왜 나방이 많은가?

→ 기념관의 수많은 전등을 미리 켜놓아서

결국 제퍼슨 기념관은 벽돌을 새로 교체하는 대신 전등을 켜는 시간을 2시간 늦춤으로써 벽의 부식을 급격히 줄일 수 있었다.

위의 사례는 세계적인 자동차 회사인 일본의 도요타에서 사용하면서 널리 알려진 '5why'라는 기법이다. 말 그대로 '왜'라는 질문을 반복해 나가면서 근본적인 원인을 찾는 것이다. 5why를 활용한 제퍼슨 기념관의 예에서 우리는 두 가지 중요한 시사점을 찾아볼 수 있다.

첫 번째는 질문을 통해 문제에 대한 '적절한 정의'가 내려진다는 것이다. 어떤 문제든 문제에 대한 적절한 정의를 내리고 시작하는 것이 중요하다. 어떻게 문제를 정의하는가에 따라 그 문제를 해결할 방법이 완전히 달라지기 때문이다. 제퍼슨 기념관의 예에서 볼 수 있듯이 계속된 질문을 하면서 문제에 대한 정의가 달라지고 그에 대한 해결책 역시 달라지고 있다.

만약 '왜 돌을 자주 닦는가? 비둘기 똥이 많아서'의 단계에서 질문을 그치고 문제를 정의했다면, 벽의 부식 문제는 '비둘기 똥 처리 문제'로 인식되었을 것이고 해결방안 역시 그것을 해결하기 위한 방안들로 구성되었을 것이다. 문제를 어떻게 정의하는가는 그 이후의 모든 과정을 좌우한다. 그리고 적절한 정의를 내리기 위한 가장 효과적인 방법은 질문을 활용하는 것이다.

두 번째 시사점은 질문이 '인식의 지평을 넓혀 준다'는 것이다. 여러 질문의 과정을 거치게 되면 주어진 문제에 대해 다양한 관점으로 접근하게 된다. 제퍼슨 기념관의 예에서 보여지듯이 질문이 거듭될수록 시야가 넓어진다. 똑같은 문제에 대해 이해의 깊이가 달라지고 다양한 해결책을 모색하게 된다.

이처럼 상황에 맞는 적절한 질문은 인생을 바꿀 만큼의 힘을 가지고 있다. 세상에 뛰어난 사람들은 대부분 질문의 대가들이다. 스티브 잡스가 날마다 거울 앞에 선 자신에게 '오늘이 내 인생의 마지막 날이라면, 오늘 내가 하려고 하는 일을 할 것인가?'라는 질문을 던졌다는 것은 익히 알려진 사실이다. 경영 분야의 현대판 고전이라고 불리는 '좋은 기업을 넘어 위대한 기업으로'라는 책에는 좋은 기업을 넘어 위대한 기업으로 변화시킨 초일류 경영자들이 모두 '소크라테스식 질문법'의 달인임을 밝히고 있다(잡스 역시 소크라테스의 광팬이다). 세계적인 기업 GE사의 전 회장 잭 웰치, 경영학의 그루라 불리는 피터 드러커 역시 적절한 질문을 활용하여 미국 경영의 역사를 새로 쓴 사람들이다. 질문은 정의를 분명히 하고 본질을 일깨운다. 무엇보다 생각지도 못한 답을 찾아줌으로써 인식의 지평을 넓혀준다.

따라서 본서에는 정의를 새롭게 하고 내면적 관점을 넓혀가기 위한 다양한 '질문'들이 제시돼 있다. 책 속에서 그 질문들을 만나면 잠깐이라도 그에 해당하는 답을 찾는 시간을 가진 후에 넘어가기 바란다. 그 과정을 통해 스스로가 어떤 사람인지 더 깊이 이해할 수 있는 자기인식능력이 향상되기 때문이다. 질문에 답하고 그 다음 내용을 이어 나간다면 자신의 안목과 관점을 한층 더 확장시킬 수 있을 것이다. 그리고 그것은 보다 적절한 선택으로 이어지게 된다.

자 그럼 '세세하게 살펴보면서 인지 넓혀가기', '질문의 힘을 이해하고 활용하기', 이 두 가지 원리를 기억하면서 본격적인 'Set Up'을 시작해 보도록 하자.

1단계
기초셋업

2단계
나 셋업

3단계
정보 셋업

4단계
마음 셋업

이 세상에서 가장 중요한 것은 내가 어디에 서 있느냐가 아니라,
어느 방향으로 가고 있느냐이다.

- 괴테

Step 1
기초 셋업

합리적인 진로선택을 위한
기초체력 키우기

1.
문제는
얇은 귀!

귀가 얇다?

구전효과(Word of Mouth effect)라는 말을 들어본 적이 있는가? 먼저 구전이란 입구(口), 전할 전(傳)자를 써서 말 그대로 '입으로 전해지는 것', '사람의 말을 통해 전달되는 것'을 뜻한다. 구전효과란 소비자가 제품을 구매할 때 다른 사람의 말을 통해 얻게 된 정보나 추천 등에 영향을 받는 것을 의미한다. 예를 들어, 스마트폰을 구매할 때 어떤 부분을 고려해야 할지 몰라 지인에게 묻거나, 구매자들의 후기에 의존하는 경우, 또는 판매원의 설명에 의존하는 정도가 크면 클수록 구전효과가 커진다고 볼 수 있다.

새로운 분야의 제품을 구매할 때 누구나 한 번쯤은 크든 작든 구전효과를 경험해 봤을 것이다. 구전효과는 집이나 고가의 노트북과 같이 비싼 제품을 사는 경우에 훨씬 더 크게 작용한다. 많은 돈이 투자되면 그에 따른 위험이 따르기 때문에 비싼 제품에 대한 경험과 정보가 부족할수록 구전효과의 영향력은 배가된다. 더욱이 구매하고자 하는 제품에 대한 전문가가 주변에 있다면 그 사람의 말은 판단의 중요한 근거가 되기 마련이다. 이렇게 될 수밖에 없는 중요한 이유는 구매 결정 시 '어디서부터 무엇을 어떻게 비교하고 평가해야 하는지'에 대한 기준과 지식이 부족하기 때문이다.

요약해 보면 경험과 정보가 부족한 상태에서 중요한 결정을 내려야 할수록 '남의 말'에 의존할 가능성이 높아진다는 것이다.

직업선택의 과정에서도 이와 비슷한 일이 발생한다. 자신에 대한 이해, 직업에 대한 구체적 정보 없이 구직활동을 하게 되면 '무엇을 어디에서부터 시작해야 할지' 잘 모르기 때문에 '남의 말'에 지대한 영향을 받게 된다. 즉 귀가 얇아진다. 따라서 자신의 직업 적성과는 상관없이 남들이 좋다고 말하는 직업을 막연히 동경하고 선택하려 하거나 '남들이 하는 건 나도 다 해야 된다'는 마음의 조급함과 분주함을 보인다.

자 좀 더 느낌이 오도록 하기 위해 몇 가지 질문에 답을 해보자.

- ✔ 우리나라에는 몇 개의 직업이 있을까?
- ✔ '직업 사전'이라는 것이 존재할까?
- ✔ 내가 아는 직업의 수는?

대학생들에게 위와 같은 질문을 하면, 세 번째 질문을 제외하고 보통은 잘 모르겠다는 대답을 듣게 된다. 직업 사전의 존재 자체를 모르는 경우도 많다. 워크넷에서 제공하는 한국직업사전에는 총 1만 3천여 개의 직업명이 수록되어 있지만(2013년 말 기준), 직업의 수가 이 정도로 많다는 것을 아는 학생들은 그리 많지 않다.

보통 학생들에게 아는 직업을 물어보면 적게는 10개, 많게는 20개 안쪽을 대답한다. 시간을 충분히 주고 적어보라고 해도 100개 이상을 적는 학생은 거의 없다. 그만큼 정보가 부족한 상태에서 직업을 선택하려다 보니 귀가 얇아지는 것은 어찌 보면 당연한 일이다.

귀가 얇은 사람들의 선택

진로선택 시 이렇게 귀가 얇은 사람들이 선택하는 길은 크게 두 가지 방향이 있다.

하나는 '공무원시험 준비'다. 역시나 직업 정보가 부족하신 부모님이나 지인들의 권유로 '안정감'만을 목표로 하고 학교를 휴학한 뒤 공무원시험을 준비하는 학생들이 점점 더 늘고 있다. 그러다 떨어지면 휴학기간으로 인한 공백으로 공부는 더 힘들어지고, 졸업 후 취업이 안 되면 다시 공무원 시험으로 돌아오는 경우가 많다. 왜 그럴까? 투자한 시간이 아깝기 때문이다. 합격해서 시험의 늪으로부터 빠져나오면 다행이지만 계속 떨어지면서 자신감은 상실되고 악순환이 반복된다. 반면 어렵게 붙고, 막상 들어가서 '이 길이 아닌가벼?'라는 고민에 빠지는 사람도 적지 않다. 이 역시 충분치 않은 정보를 토대로 뚜렷한 방향 없이 직업을 선택한 결과다. 물론 공무원이라는 직업이 자신의 적성과 잘 맞고 여러 가지 요소들을 충분히 고려한 이후의 선택이라면 문제가 될 것은 없다. 문제는 자신의 적성보다는 경제적 안정감만을 생각하고 무조건 공무원 시험을 준비한다는 데 있다.

또 다른 하나는 '일단 들어가고 보자'는 식의 선택이다. 대학 졸업 후 취업까지는 평균 12개월 정도가 소요된다(2014년 통계청 기준). 취업 준비 기간 동안 대개 처음에는 자신이 원하는 회사에만 원서를 넣겠다고 다짐한다. 하지만 계속해서 떨어지다 보면 자신감도 떨어지고 조급함이 올라오면서 '일단 어디라도 들어가고 보자'라는 생각이 스멀스멀 올라오게 된다. 그리고는 일단 들어간 회사에서 1~2년 있다가 자신이 원하는 회사로 이직할 것을 꿈꾸며 이곳 저곳 지원서를 넣기 시작한다. 그렇게 어느 회사든지 들어가고 나면 1~2년은 일을 배우느라 정신 없이 지나가 버린다. 그 때쯤 되면 이직이 생각처럼 쉬운 일이 아니라는 것을 알게 된다. 또한 일이 적성에 맞지 않는 경우 '이 일이 정말 하기 싫다'라는 사실을 그간의 경험을 통해 좀 더 뼈저리게 느끼게 된다. 하지만 그만두는 것은 쉽지 않다. 경제적인 문제와도 맞물려 있기 때문에 소수의 사람만이 자신의 길을 찾기 위해 용기 있는 도전을 한다.
이렇듯 '남의 말'에 근거한 직업선택은 그 이후의 결과에 지속적인 영향을 미친다.

귀가 얇아지는 이유

학생들이 이토록 남의 말에 대해 귀가 얇아지는 이유는 앞서 살펴본 대로 정보의 부족 때문이기도 하지만, 더 근본적인 이유는 '합리적인 진로선택의 원리'를 잘 모르기 때문이다. 대학교 4학년 학생들에게 어떤 일을 하고 싶은지를 물어보면 50% 정도의 학생들이 '전공을 살리는 일을 하겠다'고 말하거나 '하고 싶은 일에 대한 뚜렷한 목표가 있다'라고 대답한다(물론 뚜렷한 목표가 있다고 대답하는 학생은 극소수다).

하지만 그 학생들에게 "'합리적인 의사결정'에 의한 목표인가?"라고 질문했을 때 확실히 대답하는 학생은 거의 없다. "부모님이 권유하셔서", "이 직업이 맞을 듯해서", "삼촌이 의사여서", "드라마를 보고 나니 그 직업이 괜찮을 것 같아서", "어릴 때부터 그 직업이 좋아서(그 외에 특별한 이유 없음)"와 같이 막연한 의사결정이 대부분이다. 합리적인 경로와 근거에 의한 선택이 아니면 어려움이 왔을 때 쉽게 흔들린다. "이 길이 내 길입니다."라는 확신에 찬 주도적인 모습은 찾아보기 힘들다. 무엇보다 취업에 실패했을 때 그 원인을 엉뚱한 데서 찾게 된다.

> "만일 당신이 어디로 가고 있는지 모른다면 모든 길은 아무런 의미가 없을 것이다."
>
> -H. 카신저

그렇다면 남의 말에 근거하지 않은 자신만의 합리적인 의사결정을 내릴 수 있는 구체적인 대안이 있을까?

대답은 '그렇다'이다. 이 질문에 대한 구체적 대답을 하는 것이 이 책이 쓰여진 이유다. 아주 자세한 부분까지 다루지는 못하더라도 적어도 진로를 탐색하고 결정함에 있어 '합리적인 진로선택 프로세스'가 있다는 것을 이해하도록 돕고 아울러 직업 탐색의 과정에서 '어떤 요소들을 고려해야 하는지'에 대한 큰 그림을 그려 주려는 것이 이 책이 쓰여진 목적이다.

2.
큰 그림
그려보기

직업선택, 끝이 아닌 시작

기업에 강의를 가보면, 누구나가 부러워할 만한 회사에 다니고, 스펙과 경력이 화려한 분들로부터 "이 길이 내 길인지 잘 모르겠어요."라는 말을 적지 않게 듣게 된다. 그것도 10년 이상 경력이 쌓인 분들에게서 말이다.

한국인의 직업의식 및 직업윤리 연구결과에 따르면, 전국의 취업 인구 중 현재 직장에 만족하지 못하는 20, 30대가 80%를 넘어섰다고 한다. 3년 내 이직을 고민하는 이도 과반수 이상이었다. 직업을 가졌다 해도 그것이 진정 원하는 것이 아니라면 또 고민하게 되는 것이다. 왜 이런 일이 발생하는 걸까?

우리나라 대학생들은 '일단 대학만 들어가면 되겠지.' 하는 심정으로 자신의 적성이나 흥미와 전혀 상관없는 전공을 선택하는 경우가 많다. 대학을 학문을 배우고, 이후 직업선택을 위한 준비를 하는 곳으로 인식하기보다는 단지 좋은 직업을 얻기 위한 스펙을 쌓는 곳으로 이해하는 사회적 풍토 때문이다. 따라서 전공보다는 학교를 보고 지원한다.

하지만 그런 식으로 맞지도 않는 전공 공부를 4년간 하면서 어떤 일들이 발생할지는 불 보듯 뻔한 일이다. 먼저 학점관리에서부터 문제가 생긴다. 자신이 선택한 전공이 자신의 적성이나 흥미와 연관이 적을수록 열정과 몰입도가 떨어지기 때문에 생각만큼 성적이 나오지 않는 것이다.

학점이 낮으니 전과를 하는 것도 여의치 않다. 좋은 직장에 들어가기 위해 전공보다는 학교를 보고 지원했는데, 문제는 학교가 아무리 좋아도 학점이 너무 낮으면 훗날 취업을 할 때 서류전형에서부터 탈락할 가능성이 높다는 것이다(실제로 주변에서 그런 학생들을 너무 많이 보고 있다).

무엇보다 이런 과정에서 대학생활의 의미를 잃어가고 자존감이 떨어지기 시작한다. 고등학교 때는 대학만 들어가면 다 해결될 줄 알았는데 막상 대학에 와서 이렇게 되니까 허무한 기분마저 든다. 그리고 그렇게 낮아진 자존감은 커리어의 전 과정에서 지속적인 영향력을 행사하게 된다.

안타깝게도 이러한 패턴은 직업을 선택하는 과정에도 고스란히 이어진다. 많은 대학생들이 자신에게 맞는 분야와 회사(또는 조직)를 선택하기보다는 사회적 인정과 부모님의 기대를 의식해서 '남들이 다 가고 싶어하는', '최소한 이 정도는 가줘야 하는' 직업과 기업(또는 조직)을 선택하려 한다.

그러한 기준으로 직업을 선택하다 보니 들어간다 하더라도 시간이 갈수록 회의감이 들고 의미를 찾지 못하게 될 가능성이 높아진다. 그리고 이는 자연스럽게 일에 대한 낮은 만족도로 이어지게 된다. 적성과 흥미에 맞지 않는 정도가 클수록 의무와 책임으로만 일을 하게 되기 때문이다.

성장 가능성을 봐야 한다

✔ 중고등학교 시절에 가장 싫어했던 과목을 떠올려 보라. 그 과목만을 평생 공부하고 업으로 삼아야 한다면 어떨 것 같은가?

위의 질문에 대해서는 굳이 답을 주지 않아도 자연스럽게 여러 상상이 떠오를 것이다. 필자는 화학을 싫어했었는데 만약 평생 그 과목을 공부하고 업으로 삼았다면, 단언컨대 성과, 만족도, 자존감 모두 바닥을 쳤을 것이다.

반면에 자신이 좋아하고 잘하는 과목만 할 수 있다면 어떨까? 자발성과 몰입도, 창의성, 성과에 있어서 어마어마한 차이를 보일 것이다. 올바른 진로선택을 위해서는 자신의 특성에 근거한 '성장 가능성'을 고려할 수 있어야 한다. 단지 들어가는 것만을 목표로 하는 것이 아니라, 5년 뒤, 10년 뒤 자신이 어떻게 성장할 수 있을 것인가를 가늠해 봐야 한다. 기억하라. 학교는 대학까지 간다고 봤을 때 16년 정도를 다니지만, 직업은 평생 동안 내가 몸담아야 할 영역이다. 따라서 행복하고 성취감 넘치는 삶을 원한다면 반드시 '큰 그림'을 그리면서 접근해야만 한다.

- ✔ 당신이 선택하고자 하는 직업을 떠올려 보라. 그 일을 하며 평생 만족스럽게 살 수 있을지 최대한 구체적으로 상상해 보라.
- ✔ 그 일을 선택하고 5년 뒤, 10년 뒤에 어떻게 성장해 있을지 상상해 본다면?

남의 꿈이 아닌 자신의 꿈을 꾸길

지금 당신이 꿈이라고 말하는 것들은 당신의 것인가? 당신의 내면으로부터 온 것인가? 진정 당신의 주도적인 결정과 선택의 결과인가?

이것에 대한 대답을 먼저 할 수 있어야 꿈을 향한 열정과 몰입을 경험할 수 있다. 만약 그렇지 않다면, 당신은 혼돈스러울 것이고, 외부의 평가에 대한 두려움으로 인해 도전하지 못할 것이다. 무엇보다 과정에서의 실패를 최소화하기 위해 안간힘을 쓸 것이다.

실제로 많은 대학생들이 자신의 꿈이 아닌 부모님의 꿈을 위해 산다. 외부적 인정을 위해 직업을 선택한다. 문제는 그것을 한참 지나고 나서야 후회하고 뉘우친다는 것이다. 한 번뿐인 인생이라면, 정말 단 한 번뿐인 인생이라면 당신의 인생을 '전체적인 관점에서' 바라보고 어떻게 채워가길 원하는지 다시금 생각해 봐야 한다. 그렇지 않은가?

"인생의 시간은 한정되어 있습니다. 그러니 타인의 인생을 살아서는 안 됩니다."

-췌장암 수술을 받은 이후 1년 뒤의 스티브 잡스

3.
합리적인 진로선택
프로세스

지금까지의 내용을 통해 진로선택에서 자신만의 뚜렷한 판단기준을 가진 의사결정이 왜 중요한가에 대해 조금 더 이해했으리라 믿는다. 지금부터는 합리적인 진로선택의 프로세스 모델을 제시하고 순차적으로 하나하나 살펴보고자 한다.

네 명이 가진 공통점?

강호동 하면 뭐가 떠오르는가? 씨름판에서 "아자!!"라고 소리치면서 모래를 뿌리던 모습이나 1박 2일에서 과도한 액션으로 게임을 하던 장면을 떠올려 보라. 아마 '열정'이라는 단어가 생각날 것이다. 강호동은 '뜨거운 열정'이라는 특징을 가지고 있다.

반면 김연아는 강호동과 비교해서 '차가운 열정'의 소유자라고 생각된다. 피겨 스케이팅 경기에서 준비된 연기를 냉철하게 수행하고 실수를 했을 때도 차분히 일어나서 다음 동작을 이어간다. 무엇보다 일찌감치 세계 정상에 섰음에도 자신과의 싸움을 묵묵히 계속해 나가는 모습에서 김연아의 끈기 있고 절제력이 뛰어난 특징을 엿볼 수 있다.

다음으로 박진영. 강의 때 박진영의 사진을 보여주면서 떠오르는 특징을 물어보면 애매모호한 표정으로 웃음을 짓는 학생들이 많다. 그만큼 평범하지 않은 아우라를 가지고 있다. 박진영 하면 '자유로운 영혼', '예술적 표현력', '음악성' 등 예술가적 특징들이 떠오른다. 이러한 그만의 특징은 사회적으로 여러 가지 이슈를 만들었지만, 이러한 특징들이 그의 성공에 기반이 되고 있는 것만은 분명하다.

마지막으로 유재석 하면 '인간적인', '편안한', '센스 있는' 등의 단어가 떠오른다. 재미없는 게스트가 출연해도 유재석이 함께 하면 그 게스트의 장점이 부각된다는 말이 있을 정도로 유재석의 인간적이고 편안한 진행 센스는 MC분야에서 빛을 발하고 있다.

이렇게 잠깐만 살펴봐도 이들의 개성과 장점이 매우 다양하다는 것을 분명하게 알 수 있다.

그렇다면 강호동, 김연아, 박진영, 유재석 이 네 명의 공통점은 무엇일까? 학생들에게 이런 질문을 했을 때 가장 먼저 나오는 답은 "돈이 많아요.", "자신의 분야에서 일인자예요." 등이다. 그렇다. 보는 측면에 따라 이견이 있을 수 있지만, 적어도 이들은 각각의 분야에서 일인자라 불릴 만한 재능과 성과를 가지고 있다.

그렇다면 이들은 모두 일류 대학을 나왔을까? 물론 아니다. 그런 사람도 있고 아닌 사람도 있다. 모두 영어에 능통한가? 역시 모두에게 해당되진 않는다. 그럼 모두 얼짱 또는 몸짱? 그건 더더욱 아니다. 부분적으로는 해당될 수 있겠지만 이들 모두에게 공통분모로 적용할 수 있는 조건들은 아니다.

✔ 이들의 성공에서 공통적인 분모가 되는 것은 무엇일까?

이 질문에 대해 으레 나오는 대답은 '노력'이다. 이들의 노력이 이들을 최정상으로 올려주었다는 것이다. 물론 노력이 기반이 되기는 했겠지만, 노력만으로 이렇게 될 수는 없다. 만약 그렇다면 모든 사람들이 노력만 하면 성공할 것이다.

이들의 성공의 기반이 되는 공통분모는 그냥 노력이 아니라 '자신의 특성에 맞는 분야에서의 노력'이라고 말하는 것이 맞을 것이다. 특정 분야에서 성공한 사람들은 대부분 자신의 특징과 맞는 분야에서 일하고 있다. 그들의 장점이 잘 드러나고 개발될 수 있는 분야에서 두각을 나타낸다. 자신이 좋아하는 일을 하고 있기 때문에 매우 열정적이다. 누군가 시키지 않아도 자기개발을 위해 연구하고 집중하고 몰입한다. 그러다 보니 자신의 분야에서 지속적으로 성장하며 의지적인 노력을 넘어 일 자체에서 즐거움을 느끼게 되는 것이다.

K팝 스타에서 음악에 심취해 행복해하던 박진영의 모습을 기억하는가? 무한도전에서 팀원들과 함께 울고 웃던 유재석은 어떤가? 자신의 분야에서 최고가 되는 사람들은 이들이 의식하든 그렇지 않든 자신의 특성과 일하는 분야가 잘 맞아 떨어지고 있다. 그 일

치 정도가 높을수록 행복감과 성취감은 높아진다.

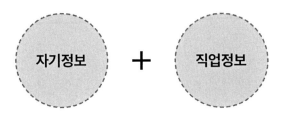

물론 위의 네 명처럼 되는 것만이 성공이라고 생각하지는 않는
다. 성공이란 상대적이고 주관적인 것이기 때문이다. 하지만 이들
의 예를 통해 자신의 특성에 맞는 일을 찾는 것이 매우 중요하다
는 것만큼은 분명하게 느낄 수 있을 것이다.

진로선택의 출발점 - 나 자신에 대한 이해!

따라서 합리적인 진로선택 과정에서 가장 먼저 고려해야 할 사
항은 바로 '자기이해'이다. 자신이 누구인지도 모르면서 자신의 특
성에 맞는 직업을 찾을 수는 없기 때문이다.

그러나 대부분은 이와는 반대로 시작한다. 자신의 특성을 우선
에 두지 않고 전망이 좋거나 보수가 좋다는 것에만 우선을 두고 직
업탐색을 시작하는 것이다. 그러다 보니 앞에서 언급했던 맞지 않
는 직업을 선택했을 때의 여러 가지 문제들이 발생할 확률이 높아
지게 된다.

'어떤 직업을 선택할까?'라고 질문하기 전에 '나는 누구인가?'라

는 질문이 선행되어야만 한다. 그리고 충분한 시간을 두고 자아탐색의 과정을 거치는 것이 필요하다.

SBS에서 방영된 '인재전쟁'이라는 프로그램에서 '자기이해의 중요성'을 뒷받침하는 흥미로운 연구결과가 소개된 적이 있다.

미국 스롤리 블로토닉 연구소는 1960년부터 20년 동안 미국 아이비리그 대학 1,500명의 졸업생을 대상으로 직업선택의 동기에 따른 부의 축적 여부를 조사했다.

먼저 졸업생을 '돈을 많이 버는 직업을 선택한 그룹'과 '자신이 좋아하는 직업을 선택한 그룹'으로 나누었다. 돈을 목적으로 직업을 선택한 그룹에는 1,500명 중 83%에 해당하는 1,245명이 몰렸고, 좋아하는 직업을 선택한 그룹은 나머지 17%인 255명에 불과했다.

그리고 20년 후 이들을 다시 추적했는데 그 결과는 놀라웠다. 1,500명의 졸업생 중에서 101명의 백만장자가 나왔는데 그 중 100명이 '좋아하는 일'을 선택한 그룹에서 나왔고 단 1명만이 돈을 목적으로 직업을 선택한 그룹에서 나온 것이다.

제작팀은 이 연구결과를 토대로 취재과정에서 만난 인재들의 공통점이 '자기이해'라는 것을 분명하게 제시한다. 특출한 성과를 내는 인재들은 모두가 자신이 어떤 사람인지 잘 알고 자신이 좋아하는 일을 하고 있다는 것이다.

만족스러운 삶을 살고 만족스러운 직업을 구하려면 우리는 먼저 자기 자신을 알아야 한다. 만약 자신이 어떤 사람인가 하는 것이 분명해진다면 나머지 문제들은 자연스럽게 풀리게 될 것이다.

✔ 나는 누구인가?

✔ 나는 언제 가장 행복한가?

✔ 나는 이 세상에서 무엇을 이루기 원하는가?

✔ 나는 언제 가장 유능한가?

✔ 언제 가장 열정적인가?

이러한 질문에 차분히 답을 해 나가다 보면 어느샌가 나아가야 할 방향이 명확해질 것이다.

"온 세상을 다 알아도 자신을 모르면 아무것도 모르는 것이다."

-라퐁텐(Jean De La Fontaine, 1679)

✔ 나는 나 자신을 얼마나 이해하고 있는가?

합리적인 진로선택의 3단계

자기이해의 중요성을 인식하고 다음의 그림을 살펴보자.

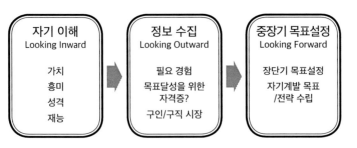

앞에서 언급했던 대로 합리적 의사결정의 첫 번째 단계는 '자기이해(Looking Inward)'이다. 그리고 자신을 이해하기 위해서는 가치, 흥미, 성격, 재능의 4가지 요소를 살펴봐야 한다. 이러한 요소들을 파악하기 위한 방법 중 가장 기본적인 것은 심리검사를 활용하는 것이다. 지금은 각종 심리검사가 시중에 나와 있고, 일반화되어 있기 때문에 학교 상담소나 워크넷과 같은 사이트에서 무료로 받아볼 수 있는 것들이 많다.

하지만 주의해야 할 점은 모든 심리검사가 스스로 답하는 식(자기보고식)으로 되어 있기 때문에 정확도가 떨어질 수 있다는 것이다. 검사 결과가 본인의 정확한 유형이 아니라면, 그 결과를 가지고 정보를 탐색하는 것은 무의미할 것이다.

아울러 검사결과를 문자 그대로만 받아들여 무턱대고 적용하는 것도 주의해야 한다. 예를 들어 자신에게 가장 잘 어울리는 직업으로 '변호사'가 나왔다고 그 직업이 자신에게 가장 잘 맞는다고 무조건 받아들여서는 안 된다. 자신의 어떤 특성 때문에 그 직업이 추천되었는지를 확인하고 특성과 직업이 연결되는 원리를 이해하는 것이 반드시 뒷받침되어야 한다. 그래야 스스로 직업을 선택하는 과정을 해석하고 판단할 수 있다.

또한 성격, 흥미, 가치 등 여러 심리검사를 어떻게 통합해서 활용해야 하는지도 중요한 부분이다. 정보가 많을수록 분류하고 통합해 나가는 과정이 중요해진다. 이러한 이유들 때문에 심리검사를 실시하고 전문적인 상담이나 교육을 통해 적용의 방향을 잡아가는 것이 반드시 필요하다. 심리검사는 검사결과 자체보다 해석과 적용이 훨씬 더 중요하기 때문이다.

심리검사 이외에 또 하나의 자기이해 방법은 바로 '경험'이다. 경험은 자신의 특징을 보다 실제적으로 이해하도록 돕고 심리검사의 활용도를 높여준다. 심리검사를 실시하고 그 결과를 바탕으로 자신의 경험을 해석해 나간다면 자기이해는 훨씬 더 깊어질 수 있다.

경험 이외에도 관련도서를 읽는 것, 주변 사람들에게 자신의 특징을 묻는 것, '내가 가장 열정적일 때는 언제인가?'와 같은 주요 질문을 던지고 거기에 답해 나가는 것 등의 활동들을 통해 자기이해를 높여갈 수 있다.

두 번째 단계는 정보 수집(Looking outward)이다. 자기이해의 과정에서 발견된 직업들에 대한 정보를 탐색하는 것이다. 예를 들어 기자라는 직업의 관련 정보를 수집한다면, 그 직업이 가지는 특성, 관련 자격증은 무엇인지, 전망은 어떤지, 보수와 업무환경은 어떤지에 대한 정보들을 수집해 볼 수 있을 것이다. 이때 주의할 점은 책상에 앉아 인터넷으로만 하는 검색만으로는 부족하다는 것이다.

정보 수집의 과정에서 가장 중요한 수단은 '사람'이다. 전문적으로 강의를 하고 싶다면, 필자와 같은 경험자에게 정보를 얻는 것이 가장 실제적일 것이다. 어떻게 강의를 시작하게 됐는지, 어떤 경험과 자격증이 도움이 됐는지, 강의를 하면서 중요한 것은 무엇인지, 좋은 점과 나쁜 점은 무엇인지, 무엇을 먼저 살펴봐야 하는지 등을 듣고 나면 어디서부터 무엇을 어떻게 준비해야 하는지가 훨씬 분명해진다.

경험자로부터 나오는 정보는 실제적이기 때문에 구체적인 계획

수립에 중요한 근거가 된다. 주의할 점은 해당분야에서 최소 3년 이상 된 경력자를 통해 정보를 얻는 것이 좋고, 가능한 여러 명에게 물어서 종합적으로 정리하는 것이 좋다. 경력이 너무 짧으면 정보 자체가 제한된 시각에서 나올 가능성이 높고, 오랜 경력을 가진 사람이라 할지라도 한 사람의 의견은 개인의 경험적 편견일 수 있기 때문이다.

자 그럼 이쯤에서 질문을 하나 해보겠다.

✔ 국내 재계 1~5위의 대기업에 들어가려면 토익 점수가 최소 몇 점이어야 한다고 생각하는가?

950? 900? 얼마 전(2014년도) 대학 3~4학년 학생들에게 강의 중에 동일한 질문을 한 적이 있다. 그리고는 H그룹에 공채로 입사한 한 학생의 토익 점수를 공개했다. 그 학생의 토익 점수는 790점이었다. 모두가 놀라는 표정이었다. '막연한 추론'으로 대기업에 들어가기 위해서는 토익 점수가 최소 900점 이상은 되어야 한다고 생각했기 때문이다.

잘못된 정보를 가지고 있으면 시간을 많이 허비하게 된다. 떨어진 이유를 잘 모르기 때문에 토익 점수를 10점 더 올리기 위해 도서관으로 향한다. 기업의 인사 담당자들이 보기엔 토익 점수 10~20점 차이가 합격의 주요 당락 요인이 아닌 것을 잘 모르기 때문이다.

어느 정도 점수대에 이르렀다면 10~20점을 올리기 위해 시간을 투자하기보다는 다른 곳에 에너지를 쏟는 것이 더 효과적이라는 것을 모르는 것이다. 혹시 그러한 사실을 알고 있다 하더라도 어떤 점을 보완해야 할지 몰라서 토익 점수라도 올리자는 심정으로 공부하는 학생들도 적지 않다.

이렇듯 정보란 취업 준비의 과정에서 매우 중요한 역할을 한다. 자기이해를 통해 합리적인 직업군을 선택하는 것도 중요하지만, 그 직업에 대한 정보를 수집하는 것 역시 무척 중요하다. 정보가 정확할수록 시행착오가 줄어들고 구체적인 전략수립이 가능해진다.

이렇게 정보가 수집되면 세 번째 단계인 '중장기 목표의 설정 (Looking Forward)'으로 이어지게 된다. 충분한 자기이해의 과정을 거쳐 직업이 선택되고, 실제적인 정보들이 수집됐을수록 목표가 뚜렷하고 구체적이게 된다. 무엇보다 꼭 이루고 싶다는 열망을 담게 된다. 앞의 두 단계가 잘 이루어져서 연결되는 것이 중요한 이유다. 잘 알고 있겠지만, 목표와 계획은 실행으로 이어질 때 의미를 갖는다. 자기이해를 바탕으로 세운 계획은 실행력으로 뒷받침될 가능성이 훨씬 높다.

어떤 원리로 직업선택의 과정이 이루어져야 하는지 좀 더 이해가 되는가? 문제는 이러한 프로세스를 따르는 사람이 거의 없다는 것이다. 4학년이 되어서야 이와 같은 원리를 이해하고 아쉬워하는 학생들을 많이 보게 된다. 좀 더 미리 알았더라면 시간과 에너지를 그렇게 허비하지는 않았을 것이고, 방황의 시간도 줄었을 것이다.

합리적인 진로선택의 3단계는 취업을 하기 전 한 번 따르는 프로세스가 아니다. 일을 하는 동안에도 자신의 분야에서의 강점과 개발할 점은 무엇인지, 자신이 속한 분야의 전망은 어떤지 등을 알아보고 그에 맞는 개발 계획을 수립하는 과정이 반복되어야 한다. 이직을 해야 할 때도 마찬가지다.

이상적인 경력 목표 설정 - 교집합 만들기

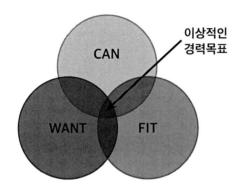

CAN DO
나의 핵심역량,
나의 경쟁력은 무엇인가?

WANT TO DO
이 일에 대한 흥미, 선호도!
나의 장기적 경력목표!

HOW WELL FIT
내 성향, 직업 가치관은?
기타 내 주위 여건은?

합리적 진로선택 프로세스를 좀 더 이해하기 위해서 이상적인 경력목표가 설정되는 과정을 살펴보자.

자신이 가장 잘할 수 있는 핵심역량을 'CAN'이라고 하자. 어떤 일에 대한 흥미를 'WANT', 자신의 타고난 성향이나 성격, 가치관 등을 'FIT'라고 하자. 직업을 선택할 때 이러한 3가지 측면이 겹치는 부분을 살펴봐야 한다.

그 직업의 특성이 나의 성격과 가치관과 잘 어울리는지(FIT),

그 일에 대한 흥미가 높은지(WANT),

그 직업분야에서 높은 성과를 달성하기에 내가 가진 역량이 적합한지(CAN).

물론 이 3가지가 다 맞아준다면 이상적이겠지만, 그러한 직업을 찾는 것은 쉽지 않다. 따라서 이 3가지 측면의 교집합을 찾고 범위를 좁혀 나가는 것이 이상적 경력관리의 목표가 된다.

예를 들어보면, 필자의 3가지 영역은 아래와 같이 정리해 볼 수 있다.

[필자의 경력목표 설정 모델]
- ✔ CAN: 설명 및 사람들과 상호작용, 의사소통, 논리적 사고
- ✔ WANT: 교육, 타인에게 동기부여(영향력)
- ✔ FIT: 성장, 분석 및 체계화, 이후 재구성

필자는 '성장'이라는 가치를 가지고 있다. 내면적으로 지속적으로 성장하는 것이 삶의 중요한 이슈이다. 또한 '교육'이라는 분야에 높은 흥미를 가지고 있다. 누군가가 나의 가르침을 통해 동기부여가 되고 내면적으로 성장할 때 희열을 느낀다. 아울러 무언가를 분석하고 체계화해서 나만의 논리로 재구성하는 것을 즐긴다. 스스로 가장 잘한다고 생각하는 것은 그렇게 재구성한 내용을 말로 설명하고 가르치면서 사람들과 상호작용하는 것이다.

이러한 필자가 어떤 일을 하면 가장 잘할 것 같은가? 바로 지금 종사하고 있는 교육분야라고 생각한다. CAN, WANT, FIT의 교집합이 이루어진 영역이라고 생각되는 분야에서 일하다 보니 성과도 높은 편이지만, 스스로 행복감을 느끼고 자발적으로 일하게 된다. 끊임없이 성장하게 되는 것은 말할 것도 없다. 무엇보다 이런 분야에서 일하고 있다는 것이 '감사'하다.

기업 역시 이러한 기준으로 인재를 찾는다. 자사가 필요로 하는 역량을 갖추었을 뿐 아니라, 그 일에 대한 흥미가 높고, 회사의 가치와 문화에 적절한 특성을 가진 사람이 높은 기여를 할 것이라는 것을 잘 알고 있기 때문이다. 자신의 특성과 조직의 특성이 잘 어우러질 때 조직과 개인 둘 다에게 행복한 동행이 가능해진다.

지금까지 '관점 Set Up'을 위한 Step 1 '합리적인 진로선택을 위한 기초체력 다지기'에서는 남의 말에 의존한 진로선택의 문제점, 큰 그림 그려보기, 합리적인 진로선택 프로세스 등에 대해 살펴보았다.

Step 2에서는 합리적인 진로선택 프로세스의 출발점이 되는 자기이해의 각 요소-가치, 흥미, 성격, 재능-들을 자신에게 대입해 가면서 좀 더 세부적으로 살펴보고자 한다.

어떻게 해서든 우리는 우리 자신이 누구인지를 알아야 하고
그에 따라 살아야 한다.

- 엘리노어 루즈벨트

Step 2
나 셋업

나를 알면 미래가 보인다

1.

나는 나를
어디까지 알까? ① 가치

가치란?

✔ 의미(meaning), 목적(purpose), 의도(intention) 이 3단어는 어떤
연관성이 있을까?

이 세 단어는 '가치'와 매우 밀접한 연관이 있는 단어들이다. 당
신이 인생에서 분명한 가치를 가지고 있다면, 지금 자신의 삶의 '의
미'를 설명할 수 있을 것이고, 이루고자 하는 '목적'과 '의도'가 분명
할 것이다.

사례를 통해 좀 더 입체적으로 살펴보자. 세계 최고의 권위를 자랑
하는 노벨상은 노벨이라는 세계 최고의 갑부가 증여한 기금에서 출
발했다. 노벨은 다이너마이트 사업 덕분에 억만장자가 되었는데, 자
신의 전 재산을 기부하여 인류의 평화를 위해 노벨상을 만들었다.

그러나 노벨이 처음부터 이런 생각을 했던 것은 아니었다. 그가

전 재산을 내놓게 된 배경에는 다음과 같은 에피소드가 전해진다. 거부로 지내던 어느 날 노벨은 한 조간신문에서 자신이 사망했다는 기사를 보게 된다. 그의 형의 죽음을 노벨의 죽음으로 오인하고 쓴 기사였다.

기사는 '죽음의 상인'으로 노벨을 묘사하고 있었는데, 그가 판매하는 다이너마이트로 수많은 사람들이 목숨을 잃었기 때문이다. 그 기사를 통해 세상이 자신을 어떻게 평가하는지 알게 된 노벨은 큰 충격을 받았다.

그 후 7년 동안 '나는 무엇으로 기억될 것인가?'를 고민한 끝에 '인류의 공익'이라는 자신만의 가치를 세우고 자신의 전 재산을 바쳐 노벨상을 만들게 된다. 그의 가치가 변하자, 인류의 평화라는 새로운 의미로 세상을 바라보게 되었고, 그것을 자신의 삶의 목적으로 삼고 의도된 삶을 살게 되었던 것이다. 이렇듯 가치는 삶의 의미를 부여하고 목적과 의도를 결정한다.

✔ 인생을 통하여 어떤 존재가 되고 싶고, 무엇을 하고 싶은가?

그렇다면 가치란 무엇인지 정의를 내려보자. 가치란 말의 사전적 의미를 살펴보면, '개인이 중요하게 여기는 것으로, 실제로 어떻게 행동하는가를 결정하는 내적 판단이나 믿음'을 말한다. 여기서 눈여겨 봐야 할 문구는 '개인이 어떻게 행동하는가를 결정'한다는 부분이다. 눈에 보이진 않지만 어떤 결정을 내리고 행동을 하도록 하는 내적 판단 기준이 바로 가치다.

어느 회사에서 직원들에게 '가치 테스트'를 실시했다. 그 중 '높은 수익'을 가장 중요한 가치로 선택한 직원과 '가족'을 가장 중요한 가치로 선택한 두 명을 따로 뽑았다. 가치가 선택에 실제로 얼마나 영향을 미치는가를 실험하기 위해서였다. 둘을 각각 따로 불러서 "5년간 해외에서 근무해야 하는 프로젝트가 생겼는데 우리 부서에는 자네가 선택됐어. 연봉은 2배 정도 될 것 같아."라고 말한 뒤, '여건상 가족은 절대 함께 갈 수 없다'라는 단서를 달았다.

둘의 반응은 어땠을까? 먼저 높은 수익을 가장 주요 가치로 선택한 직원은 그리 긴 고민을 하지 않고 "가겠습니다."라고 대답했다. '벌 수 있을 때 벌어야 한다'는 게 주요 이유였다. 가족과 오랫동안 떨어져 있는 게 걸리긴 하지만 이런 기회는 쉽게 오지 않을 것 같다고 말했다.

반면 '가족'을 최우선 가치로 선택한 직원은 안절부절못하는 모습이었다. "사비를 들여서라도 가족과 같이 갈 수 있는 방법이 없을까요?" "아내와 상의를 해봐야 할 것 같습니다."라고 말하면서 결국 다음날까지 시간을 달라는 반응을 보였다. 후에 알게 된 사실이지만 '사표를 써야 하나?'라고까지 고민을 했다고 한다.

둘의 반응에서 분명하게 볼 수 있듯이, 가치는 '개인이 중요하게 여기는 것으로, 실제로 어떻게 행동하는가를 결정하는 내적 판단이나 믿음'을 의미한다.

가치를 구성하는 3가지 요소

✓ 스티브 잡스의 핵심 가치는 무엇이었을까?

"혁신(Innovation)은 리더와 추종자를 구분하는 잣대다." 잡스는 '혁신'이라는 말을 즐겨 사용했다. 흔히 스티브 잡스를 '혁신의 아이콘'이라고 부르기도 한다. 실제로 애플을 이끌어가는 핵심가치는 '혁신'이었으며, 그런 가치로부터 아이팟, 아이폰, 아이패드와 같은 혁신적 제품들이 탄생했다.

이러한 그의 가치가 분명하게 드러난 유명한 일화가 있다. 엔지니어들이 아이팟의 시제품을 들고 오자 잡스는 더 작게 만들어야 한다고 말했다. 이에 엔지니어들은 더 작게 만드는 것은 도저히 불가능하다고 불만을 표시했다. 이때 잡스는 어항으로 걸어가더니 아이팟의 시제품을 어항 속으로 던져 버렸다. 아이팟이 바닥에 닿자 공기방울이 물 위로 떠오르기 시작했다. 그 광경을 보며 잡스는 "저기 공기 거품이 보인다는 것은 우리가 더 작게 만들 공간이 아직도 남아 있다는 것을 뜻하는 거야, 더 작게 만들게."라고 말한다. 그러한 과정을 거쳐 더 작고 심플한 아이팟 모델이 세상에 나오게 되었고 소위 대박을 치게 된다.

가치는 아래 그림과 같이 인지(cognitive), 감정(emotional), 행동(behavioral)의 3가지 구성요소를 지닌다.

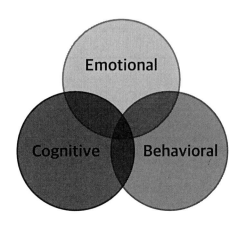

아이팟을 어항에 던진 사건에서 이 3가지 요소가 극명하게 드러난다. 가치는 인지적 해석(cognitive)의 근거가 된다. 아이팟 시제품을 가져왔을 때 잡스는 혁신이라는 관점으로 상황을 해석했다. 만약 그의 최우선적 가치가 '수익'이었다면, 아이팟 시제품에 대한 해석을 전혀 달리 했을지도 모른다. 혁신이라는 가치는 그가 제품의 크기와 디자인에 집중하도록 그의 인지적 관점을 형성하고 있다. 그리고 그것은 열정적인 반응(emotional)으로 이어졌다. 잡스는 그 상황에 대해 무미건조한 논리적 의견을 제시하지 않았다. 그는 '영혼이 담긴' 열정적인 반응을 보이고 있다. '꼭 줄여야 한다. 반드시 줄여야 한다.'라는 열정이 담겨 있다. 그것은 결국 그가 보여주는 행동(behavioral)으로 이어진다. 아이팟 시제품을 어항에 던져 버린 것이다.

가치는 그 사람의 인지를 형성하고 자발적인 열정을 불러 일으켜 특정한 행동을 이끌어 낸다. 많은 사람들이 자신의 직업분야에서 의무와 책임으로만 일하게 되는 가장 큰 이유 중의 하나는 자신의 가치를 고려하지 않고 직업을 선택했기 때문이다.

직업선택에서 가치가 중요한 이유1 - 진정한 헌신

혁신이라는 가치를 가진 스티브 잡스에게 어느 누구도 이 세상을 혁신적으로 바꿔달라고 부탁하지 않았다. 그 스스로가 혁신에 뜻을 두고 그것이 자신의 사명인 것처럼 살았을 뿐이다. "최고의 부자로 무덤에 묻히는 것은 내 관심 밖의 일이다. 밤에 잠자리에 들며 '우리가 정말 놀라운 일을 해냈어'라고 말하는 것, 내겐 이것이 전부다."

가치는 누구의 요청이나 강압에 의해서가 아닌 스스로의 진정한 헌신을 가능케 한다. 무언가 이루고자 하는 뜻이 있고 지키고자 하는 원칙이 있기 때문이다. 필자가 군생활을 할 때는 책임과 의무가 주요 모티브였다. '내면적 성장'을 중시하는 나의 가치와 '전쟁을 위해 전투력을 강화하고 유지'해야 하는 군대의 가치 사이에 커다란 차이가 있었기 때문이다. 따라서 열심히 하고자 하였으나 자발성은 많이 부족했다. 즉 책임과 의무감으로 일을 했다.

하지만 교육과 관련된 일을 하고 있는 지금은 어떨까? 가치와 맞는 일을 하다 보니 학생들을 대상으로 재능기부도 하고 있고 기업인들을 대상으로 스터디 그룹도 운영하고 있다. 물론 무료로 운영되는 모임들이다. 바쁜 시즌에도 학생들의 문의 메일에 일일이 답을 하면서 보람을 느끼고, 밤늦게까지 새로운 콘텐츠 개발을 위한 독서와 연구를 한다. 왜 그렇게 하냐고? 내가 이루고자 하는 꿈이 있기 때문이다. 누군가 시키지 않아도 스스로 헌신하면서 이루고 싶은 청사진이 있기 때문이다. 가치는 자신이 하는 일에 헌신의 정도를 결정한다. 가치와 상관없는 일을 하게 되면 시간이 갈수록 그 일은 의무와 책임의 대상이 된다.

헌신하는 사람은 자신의 직업 분야에서 두각을 나타낸다. H사의 생산직에 근무하는 L군은 '성실'과 '정직', '배려'라는 가치를 가지고 있는데, 그 가치대로 작업에 임하는 자세가 남다르다. 매일 단조롭게 반복되는 업무를 하고 있음에도 그는 항상 자신의 근무 시간보다 30분씩 일찍 나간다. 누군가에게 보이기 위해서가 아닌 '스스로에게 정직'하고 싶기 때문이다. 언젠가 결혼을 하고 자녀를 낳게 되면 부끄럽지 않게 살아 온 아빠의 모습을 보여주고 싶다고 한다. 또한 '배려'라는 가치로 인해 항상 밝게 인사하고 주변 사람들을 잘 챙긴다. 이러니 주변의 평가가 좋지 않을 수가 없다. 동료들 사이에서도 인기가 좋고 그를 존경하고 롤 모델로 삼으려는 후배들까지 있다. 그가 가는 팀마다 분위기가 달라지고 그의 이야기가 주변 사람들에게 회자되고 있다. '마지 못해' 일하는 사람들과는 확연히 다른 그만의 커리어 스토리가 쓰여지고 있는 것이다.

가치는 자신의 직업 분야에서 '진정한 헌신'을 이끌어낸다. 직업 선택에서 가치를 반드시 고려해야만 하는 첫 번째 이유다.

직업선택에서 가치가 중요한 이유2 - 만족감_(동기부여)

두 번째, 가치와 연결되지 않은 일에서는 충분한 만족감을 느끼지 못한다.

"참된 만족을 얻는 유일한 길은 위대하다고 믿고, 사랑하는 일을 하는 겁니다. 그걸 만나는 순간 가슴이 알 겁니다."

2005년 스탠포드 졸업 연설에서 스티브 잡스가 했던 유명한 연설이다. 애플은 디자인 부문에서 혁신을 이뤄낸 회사다. 잡스에게 디자인은 제품의 처음과 끝을 의미하는 것이었다. 잡스는 혁신이라는 가치가 실현되어가는 과정 자체에서 만족을 느꼈던 것이다.

지금은 프리랜서 아나운서로 유명인사가 된 전현무 아나운서는 한때 뉴스 앵커로 활동했다. 뉴스 앵커로 활동할 당시 겉으로는 멋진 양복을 입고 뉴스를 진행했지만, 속으로는 강호동, 유재석과 같이 즐거움을 주는 MC가 되고자 하는 마음이 가득했었다고 한다. '나는 까불고 놀아야 되는데, 저걸 해야 되는데…' 하는 마음에 스트레스가 쌓여서 결국 앵커를 그만두고 아나운서 시험을 준비하게 된다. 농담을 즐길 수 있는 환경에서 일할 수 있는 '유머'와 같은 직업 가치가 그에겐 중요했던 것이다. 지금 각종 오락 프로그램에서 활약하면서 그의 가치와 직업 특성은 충분히 연결되고 있으며 이는 그의 만족감으로 이어지고 있다.

가치와 연결된 직업에 종사하는 사람들은 깊은 만족감과 행복감을 경험한다. 자신의 가치가 구체화되는 과정에서 말할 수 없는 희열을 느낀다.

직업선택에서 가치가 중요한 이유3 - 방향제시

셋째, 가치는 직업선택의 방향을 제시한다. 당신이 직업을 통해 이루고자 하는 바를 명확히 해줌으로써 결정의 큰 방향을 잡아준다. 예를 들어, 필자는 '발전성'이라는 직업 가치를 중시한다. 일을 하면서 내가 가진 잠재력을 최대한 발휘할 수 있기를 바란다.

발전성의 가치는 내가 지금의 직업을 선택하는 데 큰 영향을 미쳤으며 회사를 선택하는 데도 중요한 선택의 기준이 됐다. 이러한 가치가 충족되지 않는 분야에서는 자발적 헌신도, 충분한 만족감도 기대하기가 어렵다는 것을 경험적으로 잘 알고 있기 때문이다. 나는 발전성이라는 가치가 실현될 수 있는 업무 환경에서 일하기를 원한다. 그리고 그것은 선택의 중요한 기준이 되고 있다.

공무원 시험을 준비하던 한 학생은 직업 가치 검사 결과 '명성'이 1위로 나왔다. 그 결과를 토대로 상담을 하던 중 자신이 갈등하고 고민하는 이유가 명확해졌다. 성공, 지위, 부 등을 소유하길 원하고 그것을 남들에게 보이고자 하는 '명성'이라는 가치와 공무원의 직업적 특성은 너무 괴리감이 컸기 때문이다. 자신이 무엇을 중요시 하는지가 분명해지고 나니 갈등했던 이유를 확실히 알게 되었고 다시금 방향과 계획을 수정하게 되었다.

가치가 뚜렷하다는 것은 성능 좋은 나침반을 들고 있는 것과 같다. 자신이 어떤 직업을 선택하고 어떤 회사를 선택해야 하는지에 대한 큰 방향을 잡을 수 있게 된다.

직업선택에서 가치가 중요한 이유4 - 차별화된 스토리

자신의 가치를 따라 산 사람들에게는 자연스럽게 만들어지는 '차별화된 스토리'가 있다. 혁신의 가치를 구체화한 잡스, 인류의 공익이라는 가치를 세우고 노벨상을 만든 노벨의 삶은 겉으로 보여지는 커다란 성과 이상의 무언가가 있다. 이들처럼 유명하지 않더라도 위에서 제시한 H사의 L군 이야기 역시 '성실'과 '정직'의 가치를 실현하면서 자신이 속한 회사에서 차별화된 스토리를 만들고 있다. 자신의 가치에 헌신한 사람들에게는 '진정성'과 '자발성'이 느껴지기 때문에 조작되지 않은 아름다운 스토리가 형성되는 것은 어찌 보면 당연한 일이다.

따라서 자신의 가치가 명확히 정리되어 있으면, '영혼이 담긴'자기소개서를 쓰는 것이 수월해진다. 가치는 why라는 질문에 답을 준다. 자신이 이렇게 살아온 이유, 이 직업을 선택한 이유, 앞으로 성장하고 싶은 이유와 같은 행동에 대한 명백한 이유를 제시한다.

아마존 닷컴 비즈니스 분야 최장기 베스트셀러로 사이먼 사이넥이 쓴 '나는 왜 이 일을 하는가?'(Start with why)에 보면 오래도록 사랑 받는 기업이나 개인은 why로부터 시작한다는 것을 강조한다. 애플을 예로 들어보면, 만일 애플이 무엇(what)을 하는지를 먼저 강조했다면, 그것은 별로 매력적이지 못했을 것이라는 것이다.

<What>

"우리는 훌륭한 컴퓨터를 만듭니다. 그래서 이런 제품이 나왔습니다. 사고 싶지 않으세요?"

별로 마음을 끌어당기지 않는다. 하지만 애플은 why를 먼저 제시했다.

\<Why\>

"애플이 하는 모든 것은 현실에 대한 도전입니다. '다르게 생각하라'라는 가치를 믿습니다. 그런 가치를 중심으로 유려한 디자인, 단순한 사용법, 사용자 친화적 제품을 만듭니다. 그래서 훌륭한 컴퓨터가 탄생했습니다. 사고 싶지 않으세요?"

why가 명백하면 훨씬 더 사람의 호감을 끌어당긴다. 가치는 당신의 why를 명백하게 해준다. 당신만의 차별화된 스토리를 만들어 주는 것이다.

이러한 차별화된 스토리는 자신의 가치와 맞는 일을 선택했을 때 지속될 수 있다. 가치는 그 일에 '생명력'을 부여한다. 가치는 자신이 하는 일에 자신만의 '의미'를 부여하고 새로운 '관점'을 형성한다. 필자가 종사하는 교육을 예로 들어보면, 단순히 '가르치는 일'이 '누군가의 인지와 관점을 넓혀 삶의 목적을 발견하도록 돕는 일'과 같이 자신의 가치를 근거로 새로운 의미로 정의된다. 실제로 필자는 이런 관점으로 교육을 실시하고 있다. 그러니 준비과정 자체가 다르고, 자기개발을 하려는 의지도 강하다. 무엇보다 교육생들에 대한 진심 어린 마음을 갖게 된다. 필자에게 교육은 일방적인 가르침이 아닌 인격과 인격의 만남이다. 적어도 교육을 하는 시간

만큼은 그들과 관계를 맺고 그들의 인생을 진심으로 걱정하고 존중한다. 그렇게 만난 소중한 인연, 예기치 못한 에피소드들은 너무 많다. 필자에게도 나름대로의 차별화된 스토리가 만들어지고 있는 것이다.

가치가 분명해질수록 자신의 생각과 행동이 점점 더 일관성을 갖게 되고 분명한 사명감을 형성한다. 이것은 자연스럽게 주변에 영향을 미치면서 차별화된 스토리로 이어진다. 직업선택에서 가치를 고려하는 것이 반드시 필요한 네 번째 이유다.

직업 가치 찾기 실습

직업의 선택에서 가치가 왜 중요한지를 4가지로 살펴보았다. 이제부턴 직업 가치를 찾고 직업선택에 활용하는 법을 익혀보도록 하자.

전문성	영향력	발전성	유머
인정	영성	팀 업무	높은 수입
권력	안정성	창의적 활동	여가
단독업무	정직	명성	봉사
지적 활동	시간적 자유	도전	도덕적 성취
일과 생활의 균형	자율성	경쟁	금전적 보상

위에 제시된 직업 가치는 몇 가지 대표적인 예를 든 것이다. 이 외에도 많은 직업 가치가 고려될 수 있다. 여기서는 직업 가치를 선택하고 그것을 직업선택에 적용하는 과정을 이해하는 것에 중점을 두기 바란다. 만일 위의 가치 외에 본인이 중시하는 직업 가치가 있다면 따로 적어도 좋다.

먼저 위의 가치 중 더 중요하다고 생각하는 5가지를 선택하고, 그 5가지를 1위부터 5위까지 순위를 매겨 분류해 보자. 그리고 나서 자신이 막연하게라도 하고 싶었던 직업을 적어보고 선택된 가치들이 그 직업에서 실현될 가능성을 가늠해 보자. 예를 들어 만족할 만큼 실현이 가능하다면 ○표, 보통이면 △, 실현이 거의 불가능할 것 같으면 X를 쳐보는 것이다. 예를 들어 나의 주요 직업 가치는 '창의적 활동'인데 선택하려는 직업은 공무원이라면 가치가 실현되고 충족되는 것이 쉽지는 않을 것이다. 그러면 'X'를 주면 된다. 아래의 예를 참고해서 작성해 보라.

<목표직업(직무): 컨설턴트>

우선순위	주요 가치	실현 가능성
1	전문성	○
2	단독업무	△
3	일과 생활의 균형	X
4	영성	△
5	발전성	○

만약 이 과정을 충실하게 실행했다면 어떤 깨달음이 있었을 것이다. 자신의 직업 가치가 무엇이라는 것을 아는 것만으로는 직업 선택에 큰 도움이 되지 않는다. 구체적인 직업과 연결해 보면서 미래의 결과를 예측해 보는 과정을 거치는 것이 반드시 필요하다.

위의 활동을 하고 난 후의 관점을 가지고 몇 가지 주요사항을 정리해 본다면, 첫째 '모든 가치를 다 가질 수는 없다'는 것이다. 원하는 것을 얻기 위해서는 선택과 집중이 필요하다. 따라서 가치의 우선순위가 명확해질수록 직업선택에 도움이 된다.

둘째 사람마다 중요시하는 가치는 다르다. 당신이 중요시하는 것을 다른 사람은 하찮게 생각할 수 있다. 따라서 사람마다 가치가 다르다는 것을 이해하고 존중하는 법을 익힐 필요가 있다. 커리어의 관점에서 직업 분야의 선택만큼 중요한 것은 '인간관계'이다. 어떤 직업을 선택하든 당신은 인간관계의 문제에 직면하게 된다. 따라서 인간관계 측면에서 가치를 활용하는 것도 좋은 방법이 될 수 있다. 자신의 가치를 명확히 이해하고 실생활에 활용하게 되면 다른 사람의 가치를 존중하는 것도 수월해진다. 다른 사람의 가치를 존중할 줄 알면 그 사람의 마음을 얻을 수 있다. 가치가 존중되는 환경에서 '진정한 헌신'이 일어나듯이 사람들은 자신의 가치를 존중해 주는 사람에게 헌신하려 하기 때문이다.

2.
나는 나를
어디까지 알까? ② 흥미

흥미란?

✔ 당신은 어떤 활동을 할 때 재미와 열정을 느끼는가?(게임 제외)

"체력적으로는 무척 고됐지만, 스물 다섯 청춘으로서 평범한 일상을 경험할 수 있어 값진 시간이었다. 좋아하는 일을 하고 있는 내 인생이 축복임을 느꼈고, 배우라는 직업을 더욱 사랑하게 됐다."

높은 시청률을 기록하며 얼마 전 종영한 MBC 드라마 '기황후'의 타나실리 역할을 맡았던 배우 백진희가 인터뷰에서 했던 말이다. 그녀가 말하는 자신이 '좋아하는 일'이란 무엇을 의미하는 걸까?

어떤 일을 하면서 '재미'와 '열정'을 느끼고 그 일을 좋아한다면 그것은 '흥미'가 있다는 뜻이다. 흥미란 '하고 싶은 것', '좋아하는 것'을 의미한다. 흥미(interest)라는 단어는 그 어원이 inter- '사이에 있는 것(to between)'에서 왔다. 어떤 직업에 대해 흥미가 있다는 것은 개인과 직업 사이에서 일어나는 관심, 주의를 뜻한다. 당신이 어떤 일에 흥미가 있다면 자연스럽게 그 일에 관심과 주의를 기울일 것이다. 이러한 흥미는 유전적인 성향과 후천적인 경험이 결합되어 형성된다.

그렇다면 직업선택에서 흥미를 고려하는 것이 왜 중요할까? 다음에 만나 볼 사람의 사례를 통해 그 해답을 찾아보자.

흥미 있는 일을 하게 될 때

세일즈(영업)가 체질에 '딱'이라며, 30년 넘게 영업만을 천직으로 걸어온 사람이 있다. 얼마 전 언론을 통해서도 알려진 보험설계사 하명윤 씨다. 본래 그는 무역회사에 입사해 평범한 직장생활을 하던 사람이었다. 신나고 재미있게 일하고 싶었던 그는 어느 날 영업부서로 발령신청을 하게 된다. 영업인으로 새로이 시작한 첫 해에 그는 "즐기면서 일한다는 게 뭔지 깨달았다"며, "사람을 만나 이야기하고, 상품을 판매하는 일이 적성에 딱 맞아 하루하루가 행복했다"고 당시를 회상한다.

이후 그는 세일즈에 있어 더 다양한 전략과 노하우를 배우고 싶다는 생각에 무작정 미국행을 선택했다. 처음 단순 여행으로 시작한 미국행은 그를 '홀세일러(wholesaler)'라는 이름으로 8년이나 머무르게 했다. '홀세일러'란 트럭에 짐을 싣고 뉴욕에서 플로리다까지 운전하면서 상점에 물건을 판매하는 도매상이다. 낯선 땅에서 트력을 운전하며 직접 고객을 찾아다니는 일이 힘들었을 법도 한데 그는 그 일이 그렇게 신났다며 당시를 회상한다.

아이들 때문에 미국생활을 청산하고 한국으로 돌아와서는 새로이 자동차 영업에 뛰어들게 된다. 이 역시 가장 좋아하는 일을 찾고자 하는 마음이 컸다. 온종일 걸어 다니며 광고지를 돌리고 건물마다 들어가 자신을 소개하는 '워킹영업'을 처음으로 시작했지만, "하루 왕복 4km가 넘는 거리를 걸어 다녀도 좋아하는 일을 하는지라 먼 거리로 느껴지지도 않았다"고 그는 말한다. 쌍용자동차 사태가 벌어지기 전까지 그는 '자동차 판매왕'의 자리에 오르는 등 세일즈맨의 최정점에 서기도 했다.

자동차 업계를 떠난 후 다른 사업도 시도해 봤지만 가장 즐겁게 할 수 있는 일은 영업뿐이었다는 그는 보험설계사로 새로운 출발을 하게 된다. 그의 나이 50을 넘긴 때였지만, 신인 설계사 시절 아침부터 밤늦게까지 걸어 다니며 그동안의 노하우를 이용한 개척영업으로 1년 만에 팀장의 자리에 올랐다. 단순히 노하우가 있어서만이 아니라 즐거운 일이었기에 하루도 게으름을 피우지 않은 그의 성실함 때문이라고 주위 팀원들은 말한다. '즐거운 일을 찾아하게 된 영업이 자신의 길'이라고 말하는 그는 아직도 갈 길이 멀다고 즐거이 말한다. (출처 : 한국금융신문 2014.6.16 기사 요약)

하명윤 씨의 일에서의 깊은 만족감이 느껴지는가? 즐거운 일을 하면 이처럼 열정을 경험하게 된다. 재미와 흥분을 느낀다. 30년간 한 분야(영업)에서 저토록 열정적으로 일한다는 것은 결코 쉬운 일은 아닐 것이다. 자신의 흥미와 맞는 일을 찾았기에 가능한 일이었

다. 하명윤 씨의 사례에서 보듯이 직업선택에서 흥미가 중요한 이
유는 일에서의 열정을 '지속'시켜 주기 때문이다. 어떤 직업을 선택
하든 처음에는 누구나 열심히 하려는 열정이 있다. 하지만 흥미와
맞지 않는 일일수록 그 열정은 급속도로 식어간다. 흥미는 열정을
유지시켜 주고 적극적으로 활동하게 한다. 그리고 그것은 일에서
의 좋은 성과로 이어진다.

재미있고 신나고 열정적인 직업을 갖고 싶은가? 일에서 지속적인
열정을 경험하고 싶은가? 그렇다면 반드시 흥미를 고려해야 한다.

흥미와 호기심의 차이

흥미 있는 직업 분야를 보다 수월하게 찾기 위해서는 '흥미'와 '호
기심'의 차이를 구분하는 것이 필요하다. 호기심의 사전적 의미는
'새롭고 신기한 것을 좋아하거나 모르는 것을 알고 싶어하는 마음'
이다. 즉 직접 경험해서 좋아한다기보다는 잘 모르는 것에 대한 막
연한 관심을 말한다. 그렇다면 호기심과 흥미는 어떻게 구분하면
될까?

외모가 딱 내 스타일인 이성이 있다고 하자. 그 사람만 보면 가
슴이 뛰기도 하고, 설레기도 한다. 외적 이미지를 봤을 때 굉장히
스마트하고 책임감이 강할 것 같다. 하지만 그 사람과 직접 얘기를
나눠본 적이 없다. 그렇다면 그건 '호기심'을 갖고 있는 것이다. 그
런데 막상 만나서 이야기를 나눠보니 내가 생각했던 것과 같은 매

력은 찾아볼 수 없다. 스마트는커녕 책을 읽는 것도 싫어한다. 책임감도 그다지 좋은 것 같지 않다. 무엇보다 입을 열어 얘기하는 것을 보니 이건 뭐 푼수가 따로 없다. 만날수록 환상에서 깨어나고 관심이 떨어진다. 그렇다면 그건 호기심이 있었을 뿐 좋아하는 것(흥미)은 아니라는 뜻이다.

이번에는 직업의 예를 들어보자. 학교를 오가며 가끔 들르는 떡볶이집이 있다. 맛도 맛이지만, 떡볶이를 만들고 사람들에게 즐겁게 파는 모습이 딱 내 스타일 같다. 이 일을 하면 정말 행복할 것 같다는 생각이 든다. 여기까지는 '호기심'이다. 그래서 방학 때 그 집에서 아르바이트를 하기로 했다. 막상 그 일을 해보니 정말 소름 끼칠 정도로 재미가 있다. 냄비에 물을 넣고 고추장을 적절히 넣어 잘 풀어주다 보면 웃음이 나온다. 고추장을 푼 물이 끓어 오르면 물에 담궈 두었던 떡볶이 떡을 넣으면서 군침이 돌기 시작한다. 다진 마늘, 고춧가루, 올리고당을 넣고 떡볶이 국물이 자작해질 때까지 끓였다가 적당한 때에 오뎅, 양파, 다진 파 등을 넣어주면 완성이다. 이 과정이 너무 즐겁다. 손님이 맛있게 먹어주면 뿌듯한 기분까지 든다. 그렇다면 이것은 '흥미'다.

호기심과 흥미를 구분하려면 최소한의 '경험'이 필요하다. 경험을 해본 뒤에도 지속적인 재미와 열정을 느낀다면 그것은 흥미가 있다는 뜻이다.

호기심과 비교해서 흥미는 다음의 4가지 특징을 갖는다.

첫째, 그 대상에 대한 '지속적인 관심(attention)'이다. 떡볶이를 직접 만들어본 후에도 새로운 레시피에 관심이 가고 그런 주제로 대화를 즐기는 것이 지속된다. 물론 한두 달 정도 잠깐 그런 것이 아니라 일정 기간 이상 열정이 유지될 때 흥미가 있다고 볼 수 있다. 앞서 30년간 한 분야에서 열정적으로 일해 왔던 하명윤 씨를 생각하면 이해가 쉬울 것이다.

둘째, '좋아하는 느낌(Feeling of like)'을 갖는다. 떡볶이를 만들면서 신바람이 나고 즐거움을 느끼는 것처럼, 그 일을 할 때의 감정상태가 좋다.

셋째 '일관된 방향(direction)'으로 행동하게 된다. 만약 그 일을 싫어한다면 다른 방향으로 행동을 조정하려 할 것이다. 떡볶이를 만드는 것을 싫어한다면 자꾸 딴짓을 한다거나 그만두고 다른 일을 하려 할 것이다.

마지막으로 흥미와 관련된 '활동(Activity)'을 하게 된다. 단순한 호기심이 아닌 흥미를 갖고 있다면 그 대상에 대해 어떤 행동이라도 하게 될 것이다. 떡볶이를 만들어본다거나 아르바이트를 한다거나 레시피를 찾아본다거나 하는 실행이 뒷받침될 것이다. 호기심만 있는 경우엔 막연한 호감이 있을 뿐 행동이 뒷받침 되지 않는다. 한두 번 활동을 하더라도 그 활동이 지속되지 않는다.

흥미와 관련된 심리검사

흥미를 확인하려면 최소한의 경험이 필요한데, 모든 경험을 다 해본다는 것은 불가능하다. 따라서 심리도구를 활용하여 방향을 잡고 경험할 직업 분야를 좁혀가는 것이 효과적이다. 흥미와 관련된 대표적인 심리검사는 STRONG 직업흥미검사(Strong Interest Inventory)와 Hollnad의 이론을 기초로 한 직업흥미검사가 있다. 직업흥미검사는 워크넷(www.work.go.kr)에 들어가면 무료로 받을 수 있고, STRONG 검사의 경우 학교 상담소에서 무료로 해주는 곳이 많다. STRONG검사를 전문 상담가나 상담기관을 통해 받고 싶다면, www.career4u.net에 들어가서 신청하면 된다(물론 이런 경우에는 비용이 든다). 아직 검사를 받아 본 적이 없다면, 어떤 경로로든 검사를 받아볼 것을 권한다.

여기서는 두 검사에서 공통적으로 사용되고 있는 6가지의 RIASEC 코드를 활용하여 자신의 흥미유형이 직업탐색에 어떻게 도움이 되는지를 살펴보고자 한다. 앞에서도 언급했지만, 심리검사는 '검사결과의 정확성'이 가장 중요하다. 대부분의 심리검사가 자신에 대해 스스로 답한 결과이기 때문에 결과 자체를 그대로 수용하고 받아들이기보다는 내면을 탐색하고 상황에 적용해 보면서 확인하는 과정이 반드시 필요하다. 그 과정에서 검사결과가 의미하는 바를 더 깊이 있게 이해하게 되기도 하고 결과가 잘못 나온 경우에는 그 원인을 찾을 수도 있다.

6개의 흥미 영역

RIASEC 코드란 존 홀랜드의 이론에 근거한 흥미유형의 분류이다. 홀랜드는 대부분의 사람들이 여섯 가지 유형 중에서 한 개 또는 그 이상의 유형으로 구별이 된다고 보았다. 또한 개인뿐만 아니라 직업 환경도 여섯 가지 유형 중의 하나로 설명될 수 있으며 각 환경은 특정 유형의 사람들에게 매력이 있다는 것을 발견했다. 6개의 영역은 아래 그림과 같다. 각 영역의 앞 글자를 따서 RIASEC코드라 부른다.

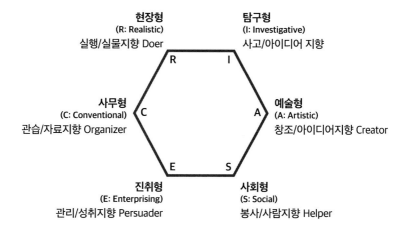

지금부터 6개의 흥미유형의 간략한 특징을 살펴보면서 자신의 유형을 확인해 보도록 하자. 각 유형에 대한 간단한 설명을 듣고 10점 만점을 기준으로 6유형에 대한 자신의 선호점수를 매겨 보고

그 결과에 따라 순위를 정해 보자.

주의할 점은 첫째, 흥미가 높은 분야도 알아야 하지만, 흥미가 낮은 분야도 분명히 알아야 한다는 것이다. 그럴수록 선택의 방향이 분명해지기 때문이다. 따라서 관심이 덜 가는 분야가 무엇인지도 분명히 확인하도록 하자.

둘째, 자신의 경험에 대입해 보는 과정이 반드시 필요하다. 어떤 상황에서 그런 흥미 정도가 분명하게 나타났는지 간단하게라도 실제 경험과 연결해 보도록 하자.

셋째, 어떤 특성 때문에 특정 직업 분야에 그 유형이 많이 분포하는지의 '원리'를 파악하는 것이 좋다. 나의 어떤 특성이 그런 직업과 어울리는지가 분명하게 이해될수록 직업선택에 대한 자기 확신이 강해진다.

이미 직업흥미와 관련된 심리검사를 받아보았다면, 여기서 각 유형에 대한 흥미 정도에 대한 점수(10점 만점)를 매긴 결과와 비교해 보고, 반대로 아직 검사를 해보지 않은 경우 여기서 점수를 확인한 다음 심리검사를 받아보고 둘의 결과를 비교해 본다면 보다 쉽게 적용점을 찾을 수 있을 것이다. 이해를 돕기 위해 각 유형마다 필자 자신의 흥미 점수를 매기고 관련된 경험을 간략히 언급하겠다. 필자가 하는 것처럼 각 유형에 점수를 매기고 자신의 경험과 연결지어 보기 바란다.

① 현장형(Realistic) - 기계 및 건설분야, 신체 활동

Realistic은 '실제적인, 실제 그대로의'의 뜻을 가진 단어다. 그 단

어의 뜻처럼 이들은 신체운동, 옥외활동, 기계조작과 같은 실제적
활동을 좋아한다. 그래서 '행동하는 사람'이라는 의미로 'Do-er'라
는 별명을 가지고 있다. 박지성과 같이 역동적인 운동선수나 소방
관, 경찰관, 군인, 자동차 정비사 등의 직업을 떠올려 보면 쉽게 와
닿을 것이다. 이들은 연장, 기계, 장치 등의 도구를 다룰 때 즐거움
을 느끼며, 생각하기보다는 활동하는 것을 좋아한다. 따라서 철학
과 같이 추상적인 문제보다는 기계조작 같은 현실적인 문제를 해
결하는 것을 좋아한다. 옥외 스포츠 활동, 기계관련 독서, 암벽 등
반, 캠핑, 낚시 등의 여가 활동을 즐긴다.

필자는 현장형 흥미에 대해 10점 만점에 2점을 주고 싶다. 6개의
유형 중 가장 낮은 흥미를 보인다. 군대생활을 하면서 가장 힘들었
던 것도 총이나 장비를 다루는 것이었다. 지금도 몸을 쓰면서 하
는 일에는 집중력이 현저히 떨어진다. 앞으로도 이 분야의 직업은
절대 갖지 않을 것이다.

R: 현장형 점수 ┌──────────┐
             │   │
             └──────────┘

② **탐구형**(Investigative) - **분석 및 조사분야, 연구활동**

연구실에 홀로 조용히 앉아 문제 해결에 몰두하는 과학자의 모
습을 본 적이 있는가? 바로 탐구형의 가장 전형적인 모습이다. 탐
구형의 별명은 'Thinker'이다. 이들은 혼자 일하는 것을 좋아하며
말수가 적은 편이다. 호기심이 많아 무언가를 배우고 연구하는 것

을 좋아한다. 따라서 학문적인 학습환경을 좋아하며 문제 해결능력과 분석력이 뛰어나다. 학위과정에서 공부 자체를 좋아하는 사람들 중에 탐구형이 많은 것을 볼 수 있다. 타인에게 의존하기보다는 스스로 자신의 일을 처리하기 원하며 판매나 반복적인 활동은 싫어하는 경향이 있다. 어울리는 직업으로는 의사, 대학교수, 물리학자, 수학자, 천문학자와 같은 연구와 관련된 직종들이 있다. 이들은 체스, 바둑 같은 전략게임, 독서, 컴퓨터 활동, 자연관찰 등의 여가활동을 즐긴다.

여기서 탐구형의 흥미가 학습 '능력'에 대해 말하고 있는 것이 아님을 유의하여야 한다. 이런 직업 분야에 대해 얼마나 흥미를 가지고 있는가(좋아하는가)를 따져보는 것이 중요하다. 필자는 탐구형에 6점 정도의 흥미를 갖고 있는 것 같다. 학문적인 분위기를 어느 정도 선호하지만, 신뢰하는 사람들과 함께 하는 사교적 분위기를 더 좋아하며, 학문을 위한 학문을 하는 것에는 그다지 관심이 없다. 탐구형 흥미에 대해서 좀 더 분명히 알고 싶다면 어느 정도 관심 있는 분야에 대한 몇 편의 논문을 읽고 분석한 내용을 보고서로 작성해 보라. 그 과정에서 흥미 정도가 확연히 드러날 것이다.

I: 탐구형 점수

③ 예술형(Artistic) - 문화 및 예술분야, 창작활동

벌써 10년째 어깨 위에 고양이 인형 '코코샤넬'을 얹고 다니는 사람의 이름을 알고 있는가? 파격적인 퍼포먼스와 거침없는 발언으로 화제를 몰고 다니는 팝 아티스트, 그녀의 이름은 낸시 랭이다. 그녀의 창의적인 행보는 예술형의 전형을 보여주는 듯하다. 예술형의 별명은 'Creator'이다. 예술형은 창의적이고 감정적이며 이상주의적인 특징을 보여준다. 이들은 자신의 생각, 감정 및 아이디어를 표현하고 전달하려는 경향이 강하다. 낸시 랭의 퍼포먼스 역시 단순히 독특하기만 한 것이 아니라 항상 어떤 의미를 담고 있다. 이들은 누구의 간섭이 없는 독립적인 일을 선호한다. 또한 창조적으로 노래하고, 글쓰고, 연기하는 것을 좋아한다. 여가시간에도 사진촬영을 한다거나 극장, 미술관을 방문하고 콘서트 관람 등을 한다. 이 유형에는 직접 예술활동에 참여하지 않더라도 관객이나 관찰자의 역할을 즐기는 사람들도 포함된다. 기자, 건축가, 만화가, 큐레이터, 배우, 사진가, 카피라이터 등이 어울리는 직업들이다.

필자는 예술형 흥미에 8점 정도를 주고 싶다. 대학시절 교회에서 춤동작을 만들거나 뮤지컬 등을 연출한 적이 있다. 그리고 그 안에는 항상 내가 전달하고 싶은 의미가 담겨 있었다. 지금 하는 강의에서도 언어표현이 좋다는 얘기를 많이 듣는다. 때때로 강의를 하면서 진심이 담긴 연기를 하고 있는 것처럼 느끼기도 한다.

A: 예술형 점수

④ 사회형(Social) - 교육 및 서비스 분야, 봉사활동

사회형의 별명은 'Helper'다. 아이들을 사랑으로 가르치는 선생님의 모습을 떠올리면 적절할 것이다. 이들은 관계 중심적이고 친절하다. 누군가를 도울 때 만족감을 느낀다. 앞의 세 유형이 독립적인 데 반해 이들은 함께 일하는 것을 좋아한다. 팀으로 일하고, 책임을 공유하며, 관심이 집중되는 것을 선호하고 돕고, 양육하고, 돌보고, 가르치는 일(특히 어린아이들)을 즐긴다. 즉 사람들과 함께 상호작용하고 그들에게 영향력을 발휘할 수 있는 일을 할 때 행복감을 느끼는 사람이다. 가르치는 일을 좋아하고, 동기부여를 잘한다. 다른 사람을 훈련하고, 개발하고 치료 또는 계몽하는 분야를 선호한다. 사회복지사, 상담가, 교사, 레크레이션 강사 같은 직업과 잘 어울리는 유형이다. 여가시간에도 모임에 참석하거나 사람들과 어울리려 하고, 자원봉사, 자기 향상을 위한 독서 등을 한다.

필자의 사회형 흥미는 9점이다. 어린 시절부터 팀을 만들고 함께하는 것을 선호하였으며, 자연스레 누군가를 교육하고 계몽하는 일을 해왔던 것 같다. 학교를 다닐 때도, 군대에 있을 때도, 지금의 직업에서도 교육은 떼려야 뗄 수 없는 즐겁고 흥분되는 일이다. 누군가 나의 가르침을 통해 영향을 받고 내면적으로 성장하는 것을 보면 깊은 행복감을 느낀다. 지금 이 글을 쓰고 있는 순간에도 누군가 이 글을 통해 작은 도움이라도 받게 되길 소망하게 된다. 좋아하는 일을 하고 있다는 것, 참으로 감사한 일이다.

S: 사회형 점수

⑤ **진취형**(Enterprising) - **사업 및 법/정치 분야, 설득활동**

 '뛰어난 언변능력과 리더십으로 커다란 성과를 내는 사업가'. 바로 진취형을 표현하는 이미지다.

 이들의 별명은 'Persuader' 즉 '설득을 잘하는 사람'이다. 이들은 말로 판매를 잘하는 뛰어난 영업사원이다. 사교적이면서도 자기주장을 잘한다. 이들은 성과를 중시하고 경쟁적인 기업 환경을 선호한다. 사람들을 이끄는 데 능숙하고 권력과 지위를 추구하는 경향이 있다. 리더십을 발휘하여 조직의 목표를 달성하고 경제적 성공으로 이끄는 것을 좋아한다. 성취욕이 높기 때문에 금전적 보상에도 민감한 편이다. 사회적 지위를 중시하여 여가활동에서도 정치활동 및 지역사회 단체 모임참석을 하거나 조직에 소속된 활동을 즐긴다. 인적 네트워크를 형성하는 데 관심이 많다. 경쟁적인 스포츠를 관람하거나 직접 참여하기도 한다. 사업가, 변호사, 광고기획자, 펀드 매니저, 경매업자와 같은 직업이 잘 어울릴 수 있다.

 필자는 진취형 흥미에 8.5점을 주겠다. 경쟁적인 환경에서 높은 성과를 내고 그에 합당한 평가와 보수를 받을 때, 그래서 적절한 지위를 얻을 때 만족감을 느낀다. 만약 나의 직업가치도 진취형 흥미와 비슷했다면 분명 사업가나 정치가가 되었을 것 같다. 하지만 나의 가치는 사회형과 더 관련이 많다. 그래서 지금의 직업을 선택하게 됐다. 가치와 흥미를 어떻게 연결지어야 하는지는 뒤에서 다룰 것이다.

E: 진취형 점수

⑥ 사무형(Conventional) - 사무 및 정보처리 분야, 관리활동

어떤 일을 하든 옆에서 자료를 체계적으로 정리해주고, 돈을 잘 관리하고 운용해 주는 비서가 한 명 있으면 매우 일하기가 편할 것이다. 그런 활동에 흥미를 가진 사람들이 사무형이다. 이들의 별명은 'Organizer'이다. 세부적이고 정확성을 필요로 하는 활동을 좋아하며 회계, 재정관리처럼 자료를 관리하는 활동을 선호한다. 이들은 잘 조직되고 예측 가능한 업무환경에서 일하기를 원한다. 기록관리, 차트, 그래프 만들기, 데이터 수집 및 관리, 서류 작업하기 등의 활동을 좋아하기 때문에 공인회계사, 비서, 세무사, 사서, 컴퓨터 프로그래머와 같은 직업과 잘 어울릴 수 있다. 여가활동 역시 여러 가지 수집활동(우표 모으기 등)이나 확실한 규칙이 있는 게임을 좋아하며, 정교한 모형 만들기나 정리 등도 좋아한다. 친숙한 장소에서 오랜 친구들과 함께 휴식을 취하는 것도 이들의 여가활동 중 하나가 될 수 있다.

필자의 사무형 흥미 점수는 2.5점이다. 군대에서 장교로 근무할 때 가장 하기 싫었던 업무가 보고서를 만들고 기록을 관리하는 것이었다. 이런 나의 특성을 알기에 지금은 사무형에 흥미가 있는 사람을 반드시 옆에 두고 일한다. 내가 방향을 잡고 기획하는 일을 하면 사무형의 동료가 그것을 자료로 구성한다. 이러한 작업방식은 시간적으로 매우 효율적이고 팀워크 측면에서도 매우 효과적이다.

C: 사무형 점수

점수를 다 매겼으면, 순위를 매겨보자. 필자는 사회형(S)-진취형(E)-예술형(A)-탐구형(I)-사무형(C)-현장형(R) 순이다. 심리검사를 받아 보면 순위가 약간 다른데 진취형(E)과 예술형(A)의 순위가 뒤바뀌었다. 검사결과를 실제 경험과 연결해서 확인해 보는 과정이 반드시 필요한 이유가 여기에 있다. 설령 순서가 바뀌지 않았더라도 이런 과정을 통해 검사결과에 대한 보다 깊은 이해와 구체적 적용이 가능해진다.

6가지 유형의 영어선생님

6가지 유형을 영어선생님으로 표현하면 어떤 모습일까? 이에 대한 상상을 통해 6가지 흥미유형을 종합적으로 정리해 보자.

먼저 현장형(R) 선생님은 영어수업을 매우 활동적으로 진행할 것이다. 한 학생의 머리채를 휘어 잡는 시늉을 하면서 "Hair! Hair!"를 장난스럽게 외칠 수도 있다.

독립적이고 분석적인 탐구형(I) 선생님은 공부하기 좋은 참고서를 집필하는 모습을 상상해 볼 수 있다.

낸시 랭과 같은 예술형(A) 선생님은 완전히 새로운 영어수업을 할지도 모른다. 음악에 맞춰 랩을 하듯이 단어를 외우거나 영화의 한 장면을 보여주면서 문장을 소개할 수도 있다.

친절하고 사교적인 사회형(S) 선생님은? 아마도 각각의 특성에 맞취 존중하고 격려하는 수업 분위기일 가능성이 크다.

사업가 정신이 투철한 진취형(E) 선생님은 반 평균을 끌어올리고 좋은 성적을 낼 수 있는 효율적 방법을 학생들에게 제시하고 주도적으로 이끌어갈 수도 있다.

마지막으로 사무형(C) 선생님은 정확한 시간에 들어와서 잘 짜여진 학습방법에 따라 꼼꼼하고 정확하게 내용을 짚어가면서 수업하고 있는 모습을 연상해 볼 수 있다.

✔ 자신이 영어선생님이 된다면 6유형 중 어떤 모습에 가까울까?
✔ 그것은 나의 흥미유형과 일치하는가?

유형의 조합

한 유형이 분명하게 나타나는 사람도 있지만, 보통 2~3유형이 복합적으로 나타나는 경우가 많다. STRONG 직업흥미검사를 예로 들어보면, 성인의 경우 1개에서 3개까지 흥미코드가 나온다. 'S', 'SA', 'SAE'하는 식이다. 따라서 여러 흥미유형에 해당이 된다고 판단된다면 그 상호작용을 이해하는 것이 중요하다. 물론 그 중에 제일 높은 흥미로 나타난 코드를 가장 눈여겨 봐야 할 것이다.

✔ 스티브 잡스는 어떤 흥미유형에 속할까?

학생들의 대답 중 가장 많이 나오는 유형은 예술형(A)이다. 디자인과 외관을 매우 중시하고 매우 독립적이었던 잡스의 성향 때문이다. 잡스는 안정보다는 혁신적인 창조를 바탕으로 기업을 운영했다. 아이팟, 아이폰, 아이패드는 창의적이고 직관적인 예술작품이라고도 볼 수 있다. 그 다음으로 많이 나오는 대답은 탐구형(I)이다. 잡스는 어떤 문제에 직면하면 분석하고 몰두해서 해결해 나가는 완벽주의자적 성향을 보였다. 혁신적인 제품을 개발하는 데는 잡스의 탐구형적인 흥미가 영향을 미쳤을 것이다. 이 두 가지 흥미코드 말고 또 무엇이 있었을까? 탐구형과 비슷하게 많이 나오는 대답은 진취형(E)이다. 잡스는 매우 기업가적인 사람이었다. 만일 잡스에게 이런 흥미가 없었다면 아이폰은 훌륭한 발명품은 되었을지 모르지만 세계에서 가장 잘 팔리는 제품은 되지 못했을지도 모른다. 잡스는 매우 경쟁적이었고 결과를 중시해서 밀어붙이는 타입이었다. 높은 수준의 제품을 만들려는 그의 의지는 이미 전 세계에 잘 알려져 있다.

✔ 당신에게 가장 영향을 미치는 흥미영역은 무엇인가?
✔ 복합적으로 나타나는 흥미영역은 무엇인가?
✔ 잡스에게 적용한 것처럼 흥미코드들의 상호작용을 자신의 경험에 적용해 본다면?

흥미 VS 능력?

직업을 선택할 때 흥미를 고려하는 것은 매우 중요한 일이지만, 아울러 그 흥미영역에서의 자신의 능력을 살펴봐야 한다. 예술형이 분명하게 나타나는 학생이 있었는데 그 학생은 만화가가 되기를 꿈꿨다. 만화를 그릴 때 정말 행복감을 느꼈기 때문이다. 그렇지만 그가 그린 만화를 보면 모두가 얼굴이 일그러질 정도로 그림 실력이 형편없었고, 스토리의 구성 능력 역시 매우 부족했다. 이 학생이 만화가가 된다면, 성공확률은 매우 낮을 것이다. 따라서 흥미가 높아도 능력이 현저하게 떨어질 경우, 직업으로 선택할 것인지는 신중히 검토해 봐야 한다. 커리어란 결국 통합적인 삶을 의미하기 때문에 흥미는 좀 덜하더라도 성과가 나타나는 분야에서 직업을 선택하고 흥미분야는 취미생활로 즐기면서 균형을 맞추는 것도 한 방법이 될 수 있다.

자신이 어떤 분야를 좋아하고 흥미를 느끼는지 조금 더 정리가 됐는가? 그럼 그 직업분야를 집중적으로 경험해 보길 바란다. 경험이 뒷받침되어야만 확신에 찬 선택으로 이어질 수 있다.

가치와 흥미 연결하기

가치, 흥미, 성격, 재능의 4가지 요소 중 가치와 흥미를 살펴보았다. 그런데 이 둘의 정보는 어떻게 연결해서 활용할 수 있을까? 앞에서 언급했듯이 자신에 대한 정보들은 적절히 연결되고 통합될 때 효과적인 활용이 가능하다. 가치와 흥미를 연결하려면 가장 먼저 각 영역의 속성을 분명히 인식하는 것이 필요하다.

가치는 자신에게 '소중한 것'으로 '직업을 통해 자신이 실현하고자 하는 것'이다. 예를 들어 '창의성'이라는 가치를 주요 가치로 가진 사람이 있다면 자신의 직업을 통해 '새롭고 참신한 아이디어와 창조활동'을 실현하기 원할 것이다. '정직'이 주요가치라면 '정직과 신의가 자산이 되는' 직업에서 자신의 가치가 실현될 수 있다. 가치의 이런 속성 때문에 가치가 충족되는 일을 하게 되면 일과 조직, 커리어에 진정으로 헌신하게 되는 것이다. 자신이 소중히 여기고 실현하고자 하는 가치와 직업 분야가 일치할수록 헌신도는 높아진다.

하지만 가치만으로는 구체적인 직업분야를 정하는 것이 쉽지 않다. '정직'을 실현할 직업은 무엇인가? '창의성'을 실현할 직업은? 가치는 큰 방향은 잡을 수 있게 해 주지만 구체적인 직업군을 찾기에는 부족한 감이 있다. 이때 적절한 역할을 해주는 것이 흥미다. '영향력'이라는 직업 가치를 가진 사람이 있다고 하자. 영향력이 실현되려면 어떤 직업을 선택해야 하는가? 정치인? 기업가? 선생님? 흥미는 여기에 '구체적인 분야'를 결정하도록 방향을 제시해 준다. 흥미코드가 S(사회형)이라면 영향력 있는 교육가가 되려 할 것이고, E(진취형)이라면 성공적인 기업가나 정치인이 되려 할 것이다. 만약 A(예술형)라면? 낸시 랭처럼 팝 아트를 통해 대중에게 영향을 미칠 수도 있다. 이처럼 흥미는 보이지 않는 가치에 컬러풀한 옷을 입혀

준다. 자신의 가치가 어느 분야에서 어떤 식으로 이루어질 때 가장 효과적인가를 가늠할 수 있게 해준다. '소중히 여기는 것'(가치)과 '하고 싶은 것'(흥미)이 일치되는 지점에서 자신에게 더 잘 맞는 직업을 선택할 수 있게 된다. 가치와 흥미가 적절히 조화를 이룰 수 있는 분야를 찾다 보면 희망 직업군을 보다 쉽게 좁혀 갈 수 있다.

3.
나는 나를
어디까지 알까? ③ 성격

성격이란?

가치가 직업선택의 큰 방향을 잡아주고 흥미는 거기에 컬러풀한 옷을 입혀 직업분야를 결정해 준다면, 성격은 어떤 역할을 할까? 성격은 자신이 선택한 분야에서 자신에게 맞는 리더십 스타일과 업무처리 방식 등이 무엇인지 알게 해 준다.

이해를 돕기 위해 유재석과 강호동의 예를 살펴보자.

두 사람은 같은 MC분야에서 일을 하고 있다. 둘 다 '누군가에 웃음을 주는 것'을 주요 가치로 가지고 있고, 사람과 함께 어울리면서 상호작용하는 분야에 흥미를 갖고 있다고 예상해 볼 수 있다. 그렇다고 이들이 비슷한 느낌으로 다가오는가? 전혀 그렇지 않다. 강호동이 웃음을 주는 방식과 유재석이 웃음을 주는 방식은 완전히 다르다. 그 둘의 성격이 다르기 때문이다. 성격이란 그 사람만의 자연스러운 존재방식이다. 물은 물이고, 산은 산이듯이 성격은 그 사람만의 자연스러움을 나타낸다. 만약 유재석에게 강호동 같은 스타일로 웃기도록 요청한다면 매우 어색함을 느낄 것이다. 또한 그의 역량이 충분히 발휘되지도 못할 것이다. 강호동이 유재석처럼 하려는 것도 마찬가지다.

이번엔 교육 분야에 흥미를 가지고 있는 두 분의 선생님이 있다고 가정해 보자. 한 선생님은 매우 논리적인 성격을 가지고 있고 또 다른 한 분은 감성적인 성격의 소유자라고 해보자. 두 선생님 각각의 성격에 따라 인간관계를 맺는 방식, 업무처리 스타일, 티칭 스타일 등이 완전히 다를 것이다. 그리고 그러한 성격적 특징이 존중받고 인정받을 때 편안함을 느끼고 자신만의 성과를 낼 수 있을 것이다. 이렇듯 성격은 자신의 직업분야에서 자신만의 존재방식과 표현방식을 결정한다. 따라서 가치, 흥미와 함께 성격을 자세히 살펴보는 것은 매우 중요하다.

자신의 흥미분야를 발견하고 직업을 선택했지만, 성격을 고려하지 않아 어려움을 겪는 경우도 적지 않다. 한 선생님은 가르치는 일이 적성에 맞다고 생각하여 교직을 선택했지만, 아이들과 관계를 맺고 상담을 하는 등 생각보다 많은 대인관계를 요구하는 환경이 자신의 성격과 맞지 않다는 것을 뒤늦게 알게 되었다. 어떤 목사님은 자신의 가치에 따라 성직자의 길을 택했지만, 지나치게 논리적인 성격으로 인해 성도들을 상담하고 그들의 감정을 공감하는 것이 너무 힘들다고 말했다. 무엇보다 자신이 옳다고 생각하는 부분을 지적하고 문제점을 가르쳐 주고 싶은데 그러면 성도들이 너무 상처를 받아 심각한 스트레스를 받고 있다고 했다.

자신이 선택하는 일이 자기 성격의 자연스러운 표현이 될 수 있다면 그것은 매우 이상적인 직업이 될 수 있다. 가치와 흥미에 성격을 더한다면 좀 더 세부적으로 자신에 맞는 일을 찾을 수 있다. 예를 들어 교육분야에 흥미를 갖고 있는데 자신의 성격이 논리적이라면 교육컨설팅 쪽이 더 잘 어울릴 수 있다. 컨설팅은 문제를 분석하고 해결방법을 제시하는 것이기 때문에 감성보다는 논리가 더 적절하게 활용될 수 있다. 반면 같은 가치와 흥미를 갖고 있더라도 감성적인 성격이라면, 같은 교육분야 내에서도 상담이나 코칭이 더 잘 맞을 것이다. 누군가를 가르치고 조언하기보다는 공감하고 격려하는 능력이 더 요구되기 때문이다. 이러한 원리를 이해하고 직접 경험해 보는 과정을 거친다면 가장 확실한 판단을 내릴 수 있을 것이다.

성격은 자신의 자연스러운 존재방식, 표현방식이다. 자신의 일과 성격이 잘 어울릴 수 있다면, 그 사람은 일과 자아의 일체감을 경험할 수 있게 된다. 그렇게 될 때 자긍심과 유능감이 점점 더 커지고 탁월한 성과를 내는 것이 보다 쉬워진다.

성격에는 좋고 나쁨이 없다

우리나라에서 생수를 한 병 사려면 약 천 원 정도의 돈을 지불해야 한다. 하지만 물이 나지 않는 사막이나 기근지역에서는 생수 한 병이 백만 원에 팔릴 수도 있다. 반면 청정지역에서는 무료로 제공되는 것도 가능할 것이다. 결국 같은 생수라도 필요에 따라 어디에 어떻게 놓이는가에 따라 그 가치가 달리 결정된다는 의미다. 성격 역시 이와 마찬가지다. 성격 자체에 좋고 나쁨이 있는 것이 아니라 그 성격의 가치가 최고로 빛날 수 있는 곳에 적절히 쓰이는가가 중요하다. 자신의 성격이 전혀 가치 없게 여겨지는 분야에서 일을 하게 되면 인정받는 것도 어렵고 성과를 내는 것도 힘들어진다.

논리적이고 공정한 성격이 판사와 같은 직업에서는 매우 적절하고 유능한 능력으로 인식될 수 있다. 그러나 소아과 의사나 유치원 교사 같은 직업에서는 문제가 되는 성격으로 비춰질 수도 있다. 내향적인 성격의 소유자가 매순간 사람을 대해야 하는 서비스업에서 종사하게 되면 소극적인 면으로 인해 무능해 보일 수 있지만, 도서관 사서와 같이 혼자서 일하는 직업에서는 더 세심한 일 처리를 보일 수도 있다. 내가 아는 한 친구는 매우 내향적이고 꼼꼼하고 분석적인 성격을 가지고 있다. 그런 성격 때문에 인간관계가 쉽지 않음을 토로하곤 하였다. 하지만 회계분석과 관련한 직업을 갖게 되면서 그런 그의 성격은 뛰어난 업무처리 능력으로 인식되었고 해당 직무에서 요구되는 역량에 적합한 인재로 대우를 받게 되었다. 자신의 성격에 대한 인식이 새로워지자 그동안 어려워했던 인간관계까지 많이 좋아진 것을 볼 수 있었다.

많은 대학생들이 자신의 성격의 단점을 고치는 데 중점을 둔다. 하지만 그보다는 자신의 고유한 성격을 깊이 성찰하고, 그 성격의 장점들이 어느 분야에서 가장 빛을 발할 수 있을지를 고민하는 것이 훨씬 더 좋은 결과를 가져온다는 사실을 기억했으면 한다.

MBTI 성격유형 검사

다양한 성격유형 검사가 있지만, 그 중에 가장 대표적으로 활용되고 있는 검사는 DISC, MBTI, 에니어그램 검사이다. 필자는 이세 검사에 대한 전문자격을 모두 보유하고 있다. 각각의 검사가 나름대로의 장점을 가지고 있기 때문에 어느 검사가 더 좋다는 식의말은 할 수 없을 것 같다. 다만, 개인적으로 직업선택과 관련해서는 MBTI를 가장 많이 활용하고 있기 때문에 여기에서는 MBTI의4가지 척도를 활용하여 성격과 직업이 어떻게 연관성을 갖는지의원리를 설명하려고 한다.

MBTI검사는 스위스의 심리학자 칼 융의 심리유형론에 근간을두고 있으며 후에 캐서린 브릭스(Catherine Briggs)와 이사벨 마이어스(Isabel Myers)가 그 이론을 확장하고 실용화한 성격유형 검사이다.그래서 그들의 이름을 따서 Myers Briggs Type Indicator라고 하며 각 단어의 앞 글자를 따서 MBTI라고 부른다. MBTI는 현재 전세계에서 가장 많이 사용되고 있는 검사이기도 하다.

MBTI는 '진단성 검사'가 아니다. 우울증, 정신장애, IQ, 스트레스, 도덕성과 같이 진단이 필요한 요소들은 측정이 불가능하다.MBTI는 개인의 심리적 고유성만을 측정하기 때문에 평가나 진단의 요소가 전혀 없다.

현재는 MBTI 검사가 많이 활성화되어 있기 때문에 학교 상담소에서 무료로 받을 수 있는 경우가 많다. 그것이 어렵다면 한국MBTI연구소(www.mbti.co.kr)나 www.career4u.net으로 들어가서 전문상담가나 전문기관을 찾아보고 검사를 받아보면 된다(이 경우엔 비용이 든다).

주의할 점

모든 심리검사가 그렇지만 성격과 관련된 검사는 특히 더 주의를 요한다. 흥미검사는 경험을 통해 결과를 검증해 보는 것이 어렵지 않다. 그 일을 직접 해보면 자신의 검사결과가 맞았는지를 금세알 수 있다. 반면 성격검사는 자신에 대해 잘못된 인식을 갖고 있으면, 그것을 발견하는 것이 쉽지 않다. 예를 들면 누가 봐도 무계획적이고 마감일자를 잘 어기는 느긋한 성격을 가진 사람이 있는데, 자신이 계획적인 사람이라고 믿고 그 증거로 검사결과를 제시하는 경우이다. 사람은 누구나 되고자 하는 이상적인 모습이 있기 때문에 자신의 '의도'와 '본래의 특성'을 혼동할 수 있다. 또한 일반적으로 자신이 처한 환경에서 요구 받는 모습으로 맞춰 가려 하기 때문에 의지적인 '행동의 변화'를 '성격의 변화'로 오인하는 경우도많다. 따라서 성격유형 검사는 검사 이후 전문가와 충분히 상담을거치는 것이 필요하며 관련 책자를 통해 자신의 특성을 좀 더 자세히 살펴보면서 검사결과를 검증해 보는 과정이 뒷받침되는 것이좋다.

성격유형은 고정화되어 있는 것이 아니라 환경과의 상호작용을통해 계속 역동적으로 움직인다. 다만 큰 틀이 변하지 않을 뿐이다. 따라서 같은 성격유형이라 할지라도 완전히 똑같은 사람은 한 사람도 없다. 이런 부분은 좀 더 심화적인 부분인데 이 부분까지 이해하게 되었을 때 성격유형을 훨씬 더 효과적으로 활용할 수 있고 오해되는 부분이 분명하게 해소될 수 있다. 필자는 강의를 수강했던 학생들 중 신청자들을 대상으로 심화과정을 무료로 강의해 주고 있다. 이 부분을 알아야 성격유형이론으로 자신을 깊이 탐색할 수 있고, 분명한 확신을 가지고 적용할 수 있기 때문이다. 따라서 기회가 된다면, 유형역동을 다루는 심화교육을 좀 더 받아 보길 권한다.

MBTI는 전 세계적으로 가장 많이 활용되고 있는 검사인데 일부 심리학자들로부터 이론적 비판을 받기도 한다. 하지만 주변의 몇 사람들에게만 적용해 봐도 실용적으로 매우 효과적인 심리도구임에는 틀림없다.

이 책에서의 설명 범위

MBTI만을 주제로 한 내용으로도 책 한 권 이상의 분량이 나온다. 또한 현재 MBTI 성격유형의 특징을 설명하고 있는 책은 수도 없이 많다. 따라서 여기서는 가장 기본적인 4가지 선호지표를 가지고 자신의 유형을 찾아볼 수 있도록 하고 성격과 직업이 어떤 식으로 연결되는지의 원리를 이해하는 정도까지만 설명하려 한다. 이 책의 목적은 커리어 선택의 전반적인 내용을 이해하는 것이기 때문이다.

각 성격유형에 맞는 직업정보에 대한 더 자세한 정보를 원한다면 '나에게 꼭 맞는 직업을 찾는 책'(민음사)을 참고하기 바란다.

선천적 심리 선호 경향

흰 종이와 필기도구를 준비하고, 종이에 자신의 이름을 써 보라. 단, 최대한 빠르고 동시에 예쁘게 써야 한다. 어떤 느낌이 드는가? 마음은 급했을지 모르지만 그렇게 어렵지는 않았을 것이다. 이번에는 다른 손으로 써보라. 역시 빨리 예쁘게 써야 한다. 이번에는 어떤가? 아마도 '어색하거나, 어렵거나 불편하거나, 부자연스럽다'고 느꼈을 것이다. 시간과 노력도 더 많이 들었을 것이고, 결과도 처음보다 훨씬 못했을 것이다. 당신이 오른손잡이든 왼손잡이든 양손을 다 쓸 수는 있다. 하지만 더 편하고 능률이 오르도록 하는 손이 분명 있었을 것이다. 그리고 평소에도 그 손이 자연스럽게 먼저 사용될 것이다.

이와 같이 우리의 내면에도 자신이 더 좋아하고 편안해 하는 심리 기능이나 태도가 존재한다. 이것을 '선천적 심리 선호 경향'이라 한다. 선호 경향은 '편하다, 자연스럽다, 쉽다, 확실하다, 흐르는 방향이다, 당연하다, 빠르다' 등으로 설명될 수 있다. 당신이 오른손잡이라면 오른손을 자연스럽게 쓰는 상황을 생각해 보면 된다. 우리의 내면에도 우리가 더 편안해 하는 오른손이 있다는 것이다.

MBTI를 올바로 활용하기 위해서는 먼저 이 '선천적 심리 선호 경향'을 분명히 이해하는 것이 필요하다.

'선천적'이라는 말은 '태어날 때부터 가지고 있는 고유한 특성'이 곧 성격이라는 의미다. 물론 이 말은 성격이 태어날 때부터 고정적이라서 전혀 변하지 않는다는 것을 의미하지는 않는다. 고유한 성격은 타고 날지 모르지만 그 이후 다양한 환경과의 상호작용을 통해 그 특성이 강화되기도 하고 약화되기도 하기 때문이다. 하지만 태어날 때부터 고유한 특성이 있는 것만은 분명한 것 같다. 필자에게도 두 딸이 있는데 아기 때부터 그 둘의 성격은 확연히 달랐다. 칼 융의 표현을 빌리자면, 코스모스 씨앗이 뿌려지면 환경에 따라 여러 모습의 코스모스가 있을 수 있지만 코스모스라는 고유성은 모두 다 그대로 가지고 있다. 그처럼 모든 사람도 태어날 때부터 가지고 있는 고유한 특성의 큰 줄기를 가지고 있다는 것이다. 즉 환경의 영향을 받지만 선천적인 고유적 특성의 한도 내에서 변화가 이루어진다는 것이다. 그 고유한 특성이 바로 MBTI에서 말하는 성격유형이다.

'심리 선호 경향'이란 말은, 성격이 행동이 아닌 내면적 특성을 의미함을 뜻한다. 사람은 이성을 갖고 있기 때문에 상황적 필요에 따라 행동의 변화를 줄 수 있다. 하지만 마음속으로는 자신에게 더 편하고 선호하는 것이 다를 수 있다. 따라서 성격을 이해하려면 행동이 아닌 자신이 더 편안해 하고 선호하는 '내면적 특성'을 살펴봐야 한다.

MBTI의 목적은 4가지 선호지표를 가지고 자신의 선천적 심리 선호 경향을 발견하는 것이다.

4가지 선호지표

자 그럼 이제 4가지 선호지표를 통해 자신의 유형을 찾아보고, 직업세계와 성격이 어떤 식으로 연결되는지를 살펴보자. MBTI의 4가지 선호지표는 다음과 같다.

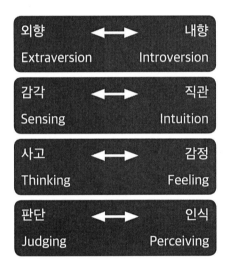

각 지표마다 2가지 알파벳이 있는데 둘 중에 자신의 선호경향을 선택하면, 총 4가지 알파벳이 나오게 된다. 첫 번째 지표인 외향(E)과 내향(I)을 예로 들어보면, 둘 중에 자신이 더 선호하는 것을 선택한다. 외향이면 E, 내향이면 I를 선택한다. 두 번째도 마찬가지다. S와 N 중에 더 선호하는 것을 결정하면 된다. 세 번째와 네 번째 지표도 같은 방식으로 선택하다 보면, ESTJ, ENTP와 같이 네 가지 알파벳의 조합이 나오게 되는데, 그것이 자신의 성격유형이다.

앞에서 양손으로 자신의 이름을 써봤던 경험을 기억하면서 '내면의 오른손(왼손잡이라면 왼손)'을 찾는다고 이해하면 쉽다. 즉 둘 다가 우리 안에 있지만 자신이 오른손처럼 더 쉽고 편안하게 사용하는 선호지표를 선택하면 된다.

이미 검사를 해 봤더라도 각각의 특성을 살펴보면서 다시금 자신의 유형을 정리해 보는 것이 좋다. 앞서 말했듯이 성격은 자신이 처한 환경에 따라 검사결과의 오차가 생길 수 있으며 단순히 결과만을 아는 것보다는 유형이 결정되는 원리를 이해할 때 훨씬 더 깊은 이해와 적용이 가능하기 때문이다.

① 외향(E) - 내향(I)

외향은 Extraversion의 앞 글자 'E'로 표시하고 내향은 Introversion의 앞 글자 'I'로 표시한다. 이 둘을 나누는 핵심기준은 '에너지의 방향'이다. 외향은 에너지가 바깥을 향하고 있고 외부에서 에너지를 얻는다. 반면, 내향은 에너지의 방향이 안을 향하고 있고 자신의 내부로부터 에너지를 얻는다. 이 둘을 구분하는 핵심이 에너지의 방향임을 기억하면서 다음 몇 가지 질문들에 답을 해 보자.

✔ 화가 났을 때 어떻게 반응하는가? 외부로 표출하는가? 안으로 삭히는가?

외향적인 성격은 화가 나면 그것을 바깥으로 표출한다. 얼굴 표정에서 화가 났다는 것이 확연히 드러나고 과격한 행동을 하기도 한다. 그러나 내향이 화가 났을 때는 그가 화가 났다는 것을 다른 사람들은 모르는 경우가 많다. 외부로 표출하지 않았기 때문이다. 화가 나면 내향은 조용히 자신만의 공간을 찾는다. 그 곳에서 화가 났던 상황을 다시금 정리하려 한다. 그러다 보면 화가 슬슬 올라오기 시작한다. 그리고는 아까 그 상황에서 했어야 될 말이 떠오른다. 하지만 다음 날이 돼도 그 말을 하지 못한다.

✔ 다른 사람들에게 적극적이고 활발한 사람으로 일컬어지는가? 아니면 신중하고 차분한 사람으로 여겨지는가?

외향적인 사람은 보통 활기가 넘친다. 그들은 생각을 적극적으로 표현하며, 몸짓을 사용해서 핵심을 강조한다. 예를 들면 두 팔을 크게 휘두르거나 손짓을 동원하여 의사를 표시하는 식이다. 표정의 변화 역시 다양하다. 반면 내향형은 말투도 차분하며 몸 동작도 크지 않다. 그래서 조용하고 신중한 인상을 풍긴다. 아침에 출근하면 내향형은 보통 차분하게 하루를 시작한다. 옆 사람과 가벼운 인사를 나누고 자신만의 업무공간에서 조용히 일을 시작하고자 한다. 외향은 이와는 매우 다르다. 특별히 기분이 안 좋거나 문제가 있는 게 아니라면 외향의 등장은 내향에 비해 시끄럽고 요란스러워 보일 수 있다. 밝은 표정과 큰 손동작으로 "Hi everyone!" 하면서 들어오는 모습을 떠올리면 된다.

✓ 대화를 주도하는 편인가? 듣고 있는 편인가?

일반적으로 외향적인 사람이 내향적인 사람보다 말로 표현을 많이 한다. 외향적인 사람은 가라앉은 분위기를 불편해하기 때문에, 대화 중에 조금이라도 간격이 생기면 즉시 무언가로 채우려는 습성을 보인다. 그러나 내향적인 사람은 그런 침묵을 굳이 앞장서서 깨려고 하지 않는다. 회의나 모임 등에서도 외향적인 사람은 말이 많을 뿐 아니라, 점점 목청이 높아지는 경향을 보인다. 반면 내향적인 사람은 대화를 듣는 것으로 만족하면서 서둘러 의견을 개진하지 않는 경우가 많다. 내향적인 사람이 대화를 주도하는 경우는 특별히 중요하다고 생각하는 주제를 이야기할 때이다. 그 외에는 보통 자신의 의견을 드러내거나 대화를 주도하려는 행동을 하지 않는다.

✓ 폭넓은 인간관계를 맺는 편인가? 깊이 있는 소수의 인간관계를 선호하는 편인가?

외향적인 사람은 내향적인 사람보다 폭넓은 인간관계를 즐긴다. 학창 시절 새 학기가 되면 반 전체 아이들과 금세 친해지고 옆 반 친구까지 사귀는 스타일이 외향성의 사람이다. 여자친구와 데이트를 할 때도 다른 친구를 끼워 넣으려는 남자 역시 외향적인 사람일 가능성이 높다. 반면에 내향적인 사람은 학창시절 친구가 많지 않다. 심한 경우엔 새 학기가 시작되고 한 달이 지났는데도 같은 반 친구인지 긴가 민가 할 정도로 조용한 사람도 있다. 내향적인 사람은 사람을 사귀는 데 시간이 걸린다. 처음부터 너무 급격하게 다가서면 부담스러워 하는 경우가 많다. 반면 외향은 처음 만난 그날에 "우리 평생 친구 합시다!" 하면서 적극적인 표현을 하기도 한다. 이러한 외향의 행동을 내향적인 사람은 이해하지 못한다.

✔ 나는 사람들과 함께 하면서 에너지가 충전되는가? 아니면 혼자서 보내는 시간을 통해 에너지를 충전하는가?

외향적인 사람은 주변 사람들과 어울리고 대화하면서 에너지를 충전한다. 반면 내향적인 사람의 경우는 지나치게 교제가 많으면 배터리가 금새 소진되어 혼자 재충전할 시간을 필요로 한다. 이런 차이를 이해하지 못해서 종종 문제들이 발생하기도 한다. 외향적 사람은 종종 내향적인 사람이 혼자 있고 싶어한다는 말을 이해하지 못한다. 그래서 회식이나 모임 참석을 지나치게 강요하다가 핀잔을 듣기도 한다. 필자의 아내는 내향형인데 가끔 "집에 아무도 없고 혼자 있었으면 좋겠어."라는 말을 하곤 한다. 처음엔 그것을 이해하지 못했지만 지금은 그 말의 의미를 충분히 이해하고 혼자만의 충전 시간을 주려고 노력한다.

지금까지의 설명을 중심으로 자신의 선호지표를 결정하라. 둘 중에 좀 더 선호되는 내면의 오른손이 분명히 있다. 아까 이름을 썼던 종이에 당신이 외향에 속한다면 E라고 적고 내향이라고 생각되면 I라고 적으라.

☑ 직업과의 연관성 check!

앞에서 성격은 자신만의 존재방식, 표현방식이라고 말했었다. 자신의 성격을 분명히 이해하고 나면 그 성격에 맞는 직업선택이 왜 중요한가를 보다 입체적으로 이해하게 된다.

내향적인 성격의 A는 여행 가이드이다. 막연히 여행이 좋아서 선택한 직업이지만, 시간이 갈수록 회의가 들고 피로감이 몰려오는 것 같다. 하루종일 수십 명의 낯선 사람을 만나서 인사를 하고, 대화를 나누면서 그들을 편안하게 하는 일이 너무 많은 에너지를 소진시킨다. 반면 외향적인 B는 부모님의 뜻에 따라 연구원이 되었다. 평소 사람들과 함께 상호작용하는 일을 하고 싶었다던 B는 요즘 들어 정서적 고갈을 호소하고 있다. 몇 주씩 혼자서 프로젝트에 몰두하는 일이 반복되다 보니 왠지 모를 좌절감까지 든다고 한다. 이처럼 성격을 고려하지 않게 되면 생각보다 문제가 심각해질 수 있다.

일반적으로 외향적인 사람은 많은 사람을 접촉하고, 다양한 프로젝트를 수행하며, 본인의 생각을 마음껏 말할 수 있는 직업에 종사할 때 만족감을 느낀다. 반면에 내향적인 사람은 한 번에 하나의 프로젝트에 집중할 수 있고, 자신만의 조용한 공간이 확보되며, 신중하게 여유를 주면서 꾸준한 속도로 일할 수 있는 직업에서 만족감을 찾을 것이다.

② 감각(S) - 직관(N)

외향과 내향을 결정하는 핵심기준이 에너지의 방향이었다면, 감각과 직관을 결정하는 핵심기준은 '정보를 인식하는 방법이 무엇인가?'이다. 감각은 Sensing의 머리글자인 'S'로 표시되는데, Sensing의 의미 그대로 주로 오감-시각, 청각, 촉각, 미각, 후각-을 통해 외부의 정보를 받아들이는 사람들을 지칭한다. 직관은 iNtuition의 두 번째 글자인 'N'으로 표시된다(내향의 I와 겹치므로 두 번째 글자로 표시). N적인 사람은 육감이라 불리는 직관을 활용하여 정보를 받아들이는데, 이로 인해 이면의 의미나 연관성, 함축적 의미 등에 관심을 갖는다.

정보를 인식할 때 오감과 직관 중 어느 것을 더 '내면의 오른손'처럼 사용하는지가 결정 기준임을 인식하고 다음의 질문들에 답해 보자.

✔ 사물의 실제적인 정보에 더 관심을 기울이는가? 아니면 그 사물로 인해 연상되는 것이나 그 속에 담긴 의미 등을 찾게 되는가?

감각과 직관의 성향을 가진 두 사람에게 꽃 한 송이를 보여주고 잠시 뒤 무엇이 생각나는지 물었다. 오감을 주로 쓰는 감각형의 사람은 꽃의 색깔, 촉감, 향기, 세부적인 모양들의 정보를 나열했다(오감적인 정보). 반면 직관을 쓰는 사람은 눈시울을 붉히며 "헤어진 오빠가 생각나요."라고 말했다. 꽃의 있는 그대로의 정보가 아니라 꽃에서 연상되는 것, 그 속에 담긴 의미 등에 초점을 두고 정보를 받아들인 것이다.

✔ 누군가 길을 물어보면 정확하고 세세하게 답변하는가? 세 세한 것보다는 전체적인 방향을 설명하는가?

감각적인 사람은 오감을 바탕으로 사실과 특징에 초점을 두기 때문에 단계적인 설명을 하며 또한 정확하게 묘사하려는 경향을 보인다. 누군가 길을 물어보면 다음과 같은 방식으로 설명할 것이다. "OO역 3번 출구로 나와서 200m를 가면 우리 문방구가 보일 거야. 문방구를 끼고 왼쪽으로 돌아서 300m 가다가 쭈꾸미 사랑이라는 음식점이 보이면 음식점을 끼고 오른쪽으로 돌아. 그럼 바로 스타 빌딩이 보여. 거기 3층에 네가 찾는 커피숍이 있어." 반면 직관적인 사람은 세세한 것에 신경을 쓰지 않고 생각이 건너 뛰는 경향이 있기 때문에 같은 목적지를 설명할 때도 전혀 다른 식으로 설명한다. "음… 거기가 아마 6번인가 3번 출군가 그럴 거야. 전화해서 다시 한 번 물어봐. 일단 거기로 나가서 쭉 가다가 왼쪽으로 돌아서 얼마 동안 걷다 보면, 커피숍이 보일 거야."

감각적인 사람이 세세한 실제 정보에 초점을 두고 '나무'를 본다면, 직관적인 사람은 전체적인 '숲'을 본다. 세세하고 사실적인 정보가 잘 들어오지 않기 때문이다. 필자도 직관형에 속한다. 어린 시절 감각형인 어머니께서 학교에서 돌아오는 길에 양말가게에 들러 무언가를 찾아오라고 하셨는데 필자는 4년 동안 등하굣길에 그 길을 지나다녔음에도 거기에 양말가게가 있는 것을 그때 처음 알았던 기억이 난다. 특히 관심이 있는 정보가 아니라면 직관형에게 세부적인 정보는 인식되지 않거나 생략된다. 만일 당신이 직관형이라면 방금 벗은 양말을 어디에 두었는지 기억조차 하지 못하는(또는 이와 비슷한) 상황을 경험해 보았을 것이다.

✓ 나는 반복적인 업무를 보다 선호하는가? 아니면 창의성을 발휘할 수 있고 다양한 변화가 있는 업무를 더 선호하는가?

창의력을 발휘할 수 있는 상황은 직관적인 사람에게 더 큰 활력소가 될 수 있다. 이들은 틀에 박힌 업무나 반복적인 일을 좋아하지 않는다. 창조적인 도전이 성취되는 순간부터 관심을 잃어간다. 예를 들어, 신개념 자전거를 발명한다고 하면 이들은 새로운 아이디어와 창의적인 업무에 몰입한다. 그러나 일단 그 컨셉이 결정되고 그에 맞게 자전거가 조립되는 단계에서는 관심이 급격하게 떨어진다. 아이디어가 구체적으로 실행되는 과정에는 흥미가 없는 것이다. 단순 반복적인 업무를 하게 되면 직관형은 에너지가 급격히 소진된다. 반면 감각형은 새롭고 창의적인 아이디어를 내는 것을 힘들어하지만 반복된 절차를 따르는 과정에서는 집중력을 보인다. 신개념 자전거에 대한 아이디어를 내는 것은 곤혹스러워하지만 그것이 절차에 따라 조립되고 생산되도록 하는 것에는 편안함을 느끼는 것이다. 감각형은 기술을 배워서 능숙해질 때까지 반복하는 경향이 있다.

결국 직관적인 사람이 '새로운 아이디어를 제공하는 사람'이라면 감각적인 사람은 그 아이디어를 구체적으로 '실현시키는 사람'이라고 볼 수 있다. 하나 더 살펴볼 점은 감각형은 창의성이 없는 사람이 아니라 창의성의 형태가 다른 사람일 뿐이라는 것이다. 직관형이 이전과는 다른 새로운 방법을 제시하는 창의성을 갖고 있다면, 감각형은 기존에 있던 것을 새롭게 응용하는 방법으로 창의성을 보인다.

그렇다면 공무원 업무는 어떤 유형에게 더 적합할까? 아마도 감각형이 더 잘 어울릴 것이다. 실제로 공무원 교육에 가보면 감각형이 압도적으로 많은 분포를 보인다. 반면 공무원 생활 15년차가 된 직관형을 만난 적이 있었는데, 업무가 성격에 맞지 않아 심적으로 많이 어려웠음을 토로하였다. 그의 원래 꿈은 디자이너였다고 한다. 그러나 집안 형편으로 어쩔 수 없이 공무원을 선택하게 되었고, 지금은 그 선택을 너무 많이 후회한다고도 했다. 물론 이와는 다른 느낌을 가진 직관형 공무원도 있을 수 있겠지만, 직업선택 시 자신의 성격을 충분히 고려해야 하는 것만은 분명하다.

✔ 나는 미래 가능성에 초점을 두는가? 아니면 현실에 초점을 두는가?

자녀교육에 관심이 많은 필자는 직관형이다. 따라서 미래 가능성에 초점을 두고 아이들의 교육문제에 접근한다. 물론 직관형답게 혁신적이고 새로운 방법들이 주를 이룬다. 홈 스쿨링이나 대안학교 등을 알아보고 아이들이 가장 행복하면서도 잠재력이 최대한으로 발휘될 수 있는 방법이 무엇일까를 고민한다. 아이들의 미래가 진정으로 행복해질 수 있다면 새로운 도전을 하는 것이 두렵지 않다. 반면 감각형인 아내는 현실에 초점을 두고 이 문제를 바라본다. '비용은 얼마나 들까요? 홈 스쿨링을 하면 누가 아이들을 가르치죠? 제가 혼자 다 해야 하나요? 검정고시를 보게 할 건가요? 관련 자료들을 찾아보셨어요? 학교를 그만두게 하면 사회성이 잘 길러질까요?'와 같은 현실적 질문들이 주를 이룬다. 아내는 종종 내 아이디어들이 너무 비현실적이지 않냐고 반문한다. 내가 하는 얘기와 관련된 구체적 사례나 실제적 정보들을 얻고 싶어 한다. 물론 이 둘의 관점이 모두 고려되어야 최상의 선택이 이루어질 수 있을 것이다. 여기서 중요한 것은 직관형과 감각형의 초점이 확연히 다르다는 것이다.

✔ 사실적이고 구체적인 언어를 사용하는가? 아니면 비유적이고 암시적인 언어를 사용하는가?

감각적인 사람은 언어를 전달의 도구로 생각하며, 언어를 사용하는 목적 역시 가장 효과적으로 생각을 전달하는 것이다. 따라서 대부분의 감각적인 사람에게 언어는 효율성이 중요하다. 감각적인 사람은 정확하고 곧이곧대로 말한다. 사용하는 문장이 짧은 편이며, 한 문장에 하나의 생각을 담고 있고, 보통 끝맺음이 분명하다. 이러한 특징들로 인해 이들의 묘사는 매우 사실적이다. 헤밍웨이의 소설 노인과 바다에서 감각적 상황 묘사가 나타난다. "노인은 낚시를 빼고 그 줄에다가 다시 정어리를 매달아서 물에 던졌다. 왼손을 씻고는 바지에다 닦았다. 무거운 낚싯줄을 왼손에 옮기고 오른손을 바닷물에 씻었다…. 미끼 하나를 40길 아래로 던졌다. 두 번째 것은 75길 아래로, 세 번째 것과 네 번째 것은 각각 100길과 125길 아래 푸른 물 속으로 던졌다."

반면 직관적인 사람은 복문을 사용하여 상당히 장황하게 말하는 편이며, 복잡하고 끝맺음이 명확하지 않다. 또한 상징적인 표현과 비유를 즐겨 쓴다. 또한 어휘의 미묘한 차이를 고려하여 함축적으로 여러 의미를 내포하는 단어들을 즐겨 사용한다. 이들에게 언어란 효율적인 전달 수단을 넘어서는 하나의 예술이라고 할 수 있다. 직관적인 표현을 즐겨 쓰는 사람 중에 대표적인 인물로 그룹 부활의 리더인 김태원을 들 수 있다. 직관형들의 언어 표현은 주로 '어록'으로 회자된다. 그의 표현 중 한 가지를 살펴보자. "인생의 모든 지나간 순간은 쓰고 버리는 연료가 아니라, 그 순간들은 타 버린 숯이 되어 그대의 미래를 지배할 것입니다. 모든 순간에 최선을 다해야 하는 이유입니다." 스티브 잡스 역시 직관적인 언어 표현을 주로 썼다. "난 죽음이 삶의 가장 훌륭한 발명품이라고 생각한다." "미래를 보면서 인생의 점들을 연결할 순 없다. 오직 과거를 돌아봐야 점이 연결된다. 그 점들이 미래에 어떻게든 연결될 것이라 믿어야 한다."

지금까지의 내용을 토대로 자신의 선호를 선택하라. 당신의 내면의 오른손이 직관형에 가깝다면 N이라고 적고 감각형에 가깝다면 S라고 적으라.

감각형은 실재하는 것을 다루고, 문제해결에 과거의 경험을 적용할 수 있으며, 새로운 아이디어를 내기보다는 현실적인 문제들을 다룰 수 있는 직업에서 보다 만족감과 유능감을 경험할 수 있을 것이다. 실제로 감각적인 사람들은 공무원, 은행가, 경찰, 행정관료, 군인, 초등학교 교사 등의 직업에 많이 종사한다. 반면 직관형은 미래 가능성에 초점을 두고, 혁신적이고 창의적인 문제 해결 방법을 활용할 수 있으며, 지속적으로 다양한 변화와 도전이 있는 일에서 최대의 능력을 발휘할 수 있다. 심리학자, 성직자, 작가, 작곡가, 디자이너, 철학자, 컨설턴트, 화가 등의 직업에는 N의 분포도가 상대적으로 높다.

③ 사고(T)-감정(F)

L과 K는 입사동기이며 친한 친구사이다. 그들은 서로의 개인적인 부분까지 나눌 정도로 친분이 두터운 편이다. 그러던 어느 날 업무회의 중에 심각한 의견 충돌을 겪게 됐다. 둘은 각자의 생각을 주장하며 열띤 토론을 벌였다. 주변에선 싸우는 것처럼 보일 정도로 강렬한 토론이었다. 회의가 끝난 뒤 L은 여느 때와 같이 점심식사를 하러 가자고 제안했다. 그러나 K는 감정이 이런데 어떻게 그럴 수가 있냐며 L의 요청을 거절했다. K는 개인적인 감정이 해소되지 않은 모습이었고 L은 토론과 관계는 별개로 인식하고 초연한 반응을 보이고 있다. 당신은 둘 중 어느 쪽에 더 가까운가?

'어떻게 결정을 내리고 결론에 도달하는가?'는 사고형과 감정형을 나누는 핵심 기준이다. 토론 이후 태연히 식사 요청을 하는 L은 사고형에 속한다. 상황과 자신을 분리해서 판단을 내리고 있다. 반면 K는 개인적 감정과 상황이 잘 나뉘어지지 않는 경향을 보인다. 감정형은 상황을 개인화해서 판단을 내리기 때문이다. 사고형은 Thinking의 앞 글자 'T'로 표시하고, 감정형은 Feeling의 앞 글자 'F'로 표시한다. 자 지금부터 또 '내면의 오른손'을 찾아보자.

✔ 나는 논리적이고 분석적인가? 감정적이고 정서적인가?

사고형은 어떤 사실을 듣게 되면 자연스레 분석을 한다. 친구가 속상한 일을 얘기하면 가만히 듣고 있다가 "네가 잘못한 것 같은데?" 또는 "이건 네 잘못이고 그건 그 사람이 잘못했네." 하는 식으로 상황을 논리적으로 평가한다. 반면 감정형은 그 사실에 대해 자신의 정서를 대입하여 공감하려 한다. "속상했겠다.", "힘내."라는 식의 반응은 감정형의 전형적인 모습이다.

따라서 애정표현 역시 감정형이 훨씬 더 자연스럽다. 감정형의 친밀해지려는 욕구는 포옹, 등을 가볍게 두드리거나 팔로 어깨를 감싸는 행위 등으로 나타난다. 고맙다, 사랑한다는 표현도 감정형이 더 편안하게 한다. 사고형은 그런 애정표현을 상대적으로 불편하게 받아들인다.

✔ 객관적 판단을 내리는 것이 편안한가? 아니면 주관적 공감이 더 편안한가?

사고적인 사람과 영화를 보면 어떤 일이 발생할까? 필자는 사고형이다. 그래서 감정형인 아내와 드라마나 영화를 보면서 욕을 먹는 경우가 많다. 주인공이 죽는 장면에서도 연기가 어설프면 바로 지적하기 때문이다. "죽는 연기 저렇게 하면 안되지." 또는 "연출자가 말도 안 되게 스토리를 전개해 나가네. 지금 저기서 죽는 장면이 개연성이 있나?" 등의 객관적 판단이 자연스럽게 나온다. 그리고 옆을 보면 아내는 극에 몰입하여 이미 눈물을 흘리고 있다. 그리고는 조용히 말한다. "그런 식으로 볼 거면 방으로 들어가." 사고형은 객관적 판단이 오른손과 같이 먼저 튀어 나온다. 반면 감정형은 자신의 감성코드에 입각한 공감을 중심으로 상황을 바라보고 해석한다.

✔ 상대가 상처를 받더라도 정직한 것이 편한가? 아니면 선의의 거짓말로 얼버무리는 것이 편한가?

누군가를 진심으로 사랑하고 걱정한다면 사고형은 솔직한 지적과 평가를 통해 비판을 한다. 예를 들어 똑같은 패턴의 실수를 반복하는 친구가 있다면 "그렇게 하니까 성적관리가 안 되고 사람들이 무책임한 사람으로 생각하는 거 아니겠어? 그런 식으로 계속 나가면 결과는 똑같아." 하는 식으로 적나라한 지적을 한다. 이런 비판이 가능한 이유는, 사고형은 사건과 사람을 분리해서 분석하는 것이 어렵지 않기 때문이다. 이들은 누군가를 진정으로 돕는 방법은 똑같은 실수를 반복하지 않도록 하는 것이라고 생각한다.

이런 모습은 감정형에게는 차갑고 퉁명스럽게 보이기도 한다. 반면 감정형의 사랑은 다른 방식으로 표현된다. 감정형은 지적할 사항이 있어도 상대방이 상처를 받을 것 같으면 쉽게 말하지 못한다. 종종 선의의 거짓말을 하기도 한다. 적나라한 비판을 통해 관계가 틀어지는 것을 원치 않기 때문이다. 다른 의견이 있어도 공감대를 먼저 형성하고 조심스럽게 표현한다. 감정형은 비판해야 할 상황보다는 칭찬하고 지지하는 상황을 훨씬 더 편안하게 받아들인다.

✔ 나는 객관적으로 의사결정을 내리는 편인가? 아니면 개인적 감정과 주변상황을 고려해서 의사를 결정하는 편인가?

R은 전형적인 감정형의 사람이었다. 어느 날 지방으로 출장을 가게 됐는데 자신이 가장 싫어하는 H와 함께 가야 했다. 이동 방법은 두 가지가 있었는데 하나는 H와 함께 승용차를 타고 장시간 동행해야 하는 것이었고 다른 방법은 대중교통을 이용하여 개인이 직접 세미나 장소로 가는 것이었다. 이렇게 되면 교통비, 식비 등의 비용이 들고 시간 역시 훨씬 더 많이 들여야 하는 상황이었다. 여름이었기 때문에 이동하면서 찌는 듯한 더위까지 감당해야 했다. 정상적인 상황이라면 승용차를 타고 이동하는 것이 모든 면에서 훨씬 더 좋은 선택이었을 것이다. 하지만 R은 대중교통을 선택했다. H가 싫은 것도 이유였지만, 싫어하는 사람과 함께 차를 타고 가는 과정에서 아무렇지 않은 듯 연기(?)를 해야 하는 자신을 보면 위선자처럼 느껴질 것 같았기 때문이다. 그러자 사고형인 동기

K는 "너 바보 아냐? 단지 H가 싫다는 이유로 그 많은 비용과 시간을 허비해? 일은 일이니까 일로써만 동행한다고 생각하고 가면 되잖아. 앞으로 이런 일 생길 때마다 이럴 거야?"라면서 비판적 조언을 했다. 사고형은 한 걸음 물러서서 공과 사를 구분하여 논리적이고 냉정한 분석을 거쳐 의사결정을 내리기 때문이다. 반면 감정형은 그 결정에 대한 자신의 감정이 어떠한지, 또 이 결정이 다른 사람에게 어떤 영향을 미칠지 등을 고려하여 결정을 내린다. 결국 감정형은 상황을 개인적으로 받아들인다.

자, 사고형과 감정형 중 당신이 보다 선호하고 자주 쓰는 내면의 오른손은 무엇인가? 사고형이라면 T, 감정형이라면 F라고 쓰라.

☑ 직업과의 연관성 check!

사고형은 논리적으로 분석하고, 공정하고 객관적인 결론을 끌어내는 분야에서 보다 능력을 발휘한다. 즉 경쟁적인 분위기가 감정형에 비해 잘 맞을 수 있다. 기업의 고위 경영자들의 분포를 보면 사고형이 압도적으로 많은 것을 볼 수 있다. 분석과 판단력을 발휘해야 하는 컨설턴트, 판사, 변호사, 회계사 등에도 사고형의 분포가 상대적으로 높다. 반면 감정형은 보다 협조적이고 남을 도울 수 있는 분위기에서 능력을 더 잘 발휘한다. 성직자, 상담가, 교사, 소아과 의사 등의 직업은 우호적인 성향의 감정형이 보다 높은 선호도를 보인다.

④ 판단(J)-인식(P)

마지막 선호지표는 판단과 인식이다. 판단형과 인식형을 나누는 핵심기준은 '삶을 어떤 방식으로 살아가는가'이다.

판단형은 Judging의 앞 글자 J로 표현한다. 말 그대로 판단을 내리는 사람은 일정 선에서 결정을 하거나 판단을 내리고자 하는 성향을 보인다. 어떤 미션이 주어졌다면 언제 어떻게 무엇을 할지를 보다 신속히 결정하고 추진하려 한다. 따라서 계획적인 성향을 보인다.

반면 인식형은 Perceiving의 맨 앞 글자인 P로 표현되는데, 그 이름대로 개방적으로 정보를 계속 인식하고 받아들이려 한다. 따라서 융통성을 보이거나 결정을 유보하려 한다. 미션이 주어지더라도 그 미션에 대한 정보를 계속 받아들여 그 미션을 진행할 것인지 말 것인지가 결정되기까지 시간이 더 걸리고, 결정하더라도 새로운 정보가 생기면 계획을 쉽게 변경한다. 판단형과 인식형이 중국집에 간다면, 판단형은 시간과 가진 비용, 자신의 평소 습관을 고려하여 신속하게 결정을 내릴 것이다. "난 짜장면!" 하는 식이다. 반면 인식형은 "짜장면을 먹을까? 음 아냐 이번엔 짬뽕이 나을 것 같아."라고 하면서 시키려 하다가 "아니 아니 볶음밥이 낫겠어." 하는 식으로 신속히 결정을 내리지 못하거나 번복하는 모습을 보일 것이다. 정보가 들어올수록 개방적으로 받아들이려 하기 때문에 판단을 유보하거나 바꾸려는 것이다.

✔ 나는 대체로 시간을 잘 지키는 편인가? 아니면 자주 늦는 편인가?

판단형과 인식형은 시간 개념이 완전히 다르다. 판단형에게 시간이란 목표를 달성하는 중요한 수단이기 때문에 소중하고 유한한 것으로 생각한다. 즉 시간을 낭비하지 않으려 한다. 누군가와 약속이 있다면 그 전에 장소를 검색하고 어떻게 이동할지를 결정한다. 그리고 만약에 있을 변수를 고려하여 30분 이상 일찍 나간다. 판단형은 차를 갈아타는 시간, 걷는 시간 등을 미리 생각하고 약속장소에 나간다. 그러니 늦는 경우가 거의 없다. 과제를 제출할 때도 마찬가지다. 미리 시간을 따져보고 가용한 시간에 맞춰 가급적 미리 하려 한다. 따라서 마감시한을 초과하는 일이 드물다.

반면 인식형에게 시간이란 재생 가능한 자원, 항상 넘치도록 많은 자원으로 인식된다. 따라서 판단형에 비해 유유자적한 인상을 준다. 약속시간에 늦을 만한 시간인데도 여유를 부린다거나 갈아타거나 이동할 시간 등을 고려하지 않고 출발하기도 한다. 인식형은 보통 일찍 출발하는 경우가 드물다. 그래서 항상 늦거나 시간에 딱 맞춰 아슬아슬하게 등장하는 사람으로 주변사람들에게 인식된다. 인식형은 소위 '벼락치기' 강자들이 많다. 마감시한이 다가와서 턱에 차올랐을 때 일을 시작하기 때문이다. 마감시한을 넘기는 경우도 적지 않다.

✔ 나는 계획적으로 일을 하는 편인가? 아니면 유연하게 일을 하는 편인가?

판단형인 K는 시간을 최대한 활용하기 위해 일과표에 따라 움직인다. K의 다이어리는 항상 계획으로 가득한데 그런 계획에 따라 움직일 때 편안함을 느끼며, 실천하면서 계획된 내용을 하나씩 지워갈 때마다 쾌감을 느낀다고 한다. 여행을 갈 때도 미리 예산을 세우고 여행지 정보를 충분히 검색하여 이동계획을 짜는 것을 선호한다. 그 과정에서부터 여행이 시작된다고 말한다. 따라서 K와 여행을 가면 돈이 새지 않고 시간을 효율적으로 활용하여 알찬 여행을 할 수 있다. 반면 인식형인 M은 일을 하면서 체계화하려고 많이 노력하고 계획을 세우지만, 계획이 그대로 실행되는 경우는 드물다. M 역시 연초에 야심차게 다이어리를 구입하지만, 시간이 갈수록 일과표로 쓰이기보다는 그냥 수첩이 되는 경우가 많다. 계획한 것들은 많은 경우 다음 날, 또는 다음 기회로 미뤄진다. M에게 여행이란 자유를 만끽하는 것이다. 카드 한 장 들고 필요한 최소한의 물품을 가지고 즉흥적으로 떠나서 가고 싶은 곳에 들르고 자고 싶을 때 자고 일어나고 싶을 때 일어나는 식의 여행을 좋아한다. 계획을 세우더라도 좀 더 느슨하게 압박감을 느끼지 않는 선에서 짜려 한다. 물론 예산을 짜지 않아 비용이 초과되거나 미리 알아보지 않아서 숙박할 곳을 못 찾는 일도 생긴다.

✔ 나는 정해진 절차와 전통을 중시하는가? 아니면 편안하고 자유로운 것을 중시하는가?

판단형은 정해진 절차와 형식, 전통, 관습 등을 중시한다. 군대는 전형적인 판단형 문화가 주를 이루는 곳이다. 군화 끈을 묶는

법, 소매를 접는 법, 경례하는 손의 위치, 말투, 정해진 문서 양식 등등. 판단형은 이렇게 짜여진 관습과 전통이 있는 환경에서 더 적응을 잘한다. 반면 인식형은 전통과 관습에서 벗어나려는 자유주의자라고 할 수 있다. 정해진 절차와 양식을 지키는 것이 인식형에게는 중요하지 않고 심지어 불편함을 느낀다. 압박감을 느끼기 때문이다. 인식형은 보다 자연스럽고 자유스러운 분위기를 선호한다. 위 아래가 분명치 않고 업무 시간에 자유롭게 이동할 수 있는 것이 허용되는 수평적 문화에서 편안함을 느낀다.

✔ 나는 평소에 정리를 잘하는 편인가? 아니면 쌓아두고 어질러 놓는 편인가?

판단형은 일반적으로 '정리하는 사람'이다. 판단형의 책상을 보면 물건들이 제자리에 놓여 있고 나름의 질서를 가지고 정돈되어 있음을 볼 수 있다. 예를 들어 같은 주제의 책끼리 가까이 꽂혀 있다든가, 서랍을 열어 보면 물품별로 나누어 정리가 되어 있는 식이다. 차 트렁크를 열어봐도 질서 있게 정리가 되어 있는 편이다. 판단형은 사용한 물건을 즉시 치워 두려는 습성이 있다. 반면 인식형의 책상은 난장판인 경우가 흔하다. 인식형은 흔히 '쌓아 두는 사람'들이 많다. 물건들이 여기저기 흩어져 있고 가끔 정리를 해도 금방 흐트러진다. 차 트렁크를 열어봐도 여러 물건들이 섞여서 어질러져 있는 경우가 많다.

주의할 점은 판단형과 인식형은 성격의 한 특성이지 능력의 차이로 이해해서는 안 된다는 점이다. 우리나라의 문화는 판단형 쪽에 가깝기 때문에 인식형이 게을러 보이고 무책임해 보일 수 있다.

하지만 어느 대학, 어느 기업에 가도 판단형만 있거나 인식형만 있는 경우는 없다. 성과를 내고 능력을 발휘하는 방식이 다를 뿐이지 한쪽이 무조건 더 탁월한 성과를 낸다고 볼 수는 없다는 의미다. 다만 각각의 특성에 잘 맞고 그 특성을 더 높게 평가하는 분야와 직업이 있다는 것은 분명하다.

자 당신의 내면의 오른손을 정했는가? 판단형에 가깝다면 J, 인식형에 가깝다면 P라고 적으라.

☑ 직업과의 연관성 check!

판단형은 예측 가능하고 안정적인 환경에서 능력을 더 잘 발휘한다. 목표가 분명하고 책임과 권한이 뚜렷한 직종에 더 적합하다. 공무원, 회계사, 판사, 은행원, 컨설턴트 등의 직업에 판단형이 좀 더 많이 분포한다. 반면 인식형은 상황의 변화에 따라 유연하게 대처할 수 있는 자율적인 분위기가 능력을 발휘하기에 더 알맞다. 규칙과 절차가 지나치게 강요되지 않으며 흥미가 있고 자발성을 발휘할 수 있는 분야가 적합하다. 기본적으로 어떤 직종이든 프리랜서처럼 일할 수 있는 직업이라면 매우 좋을 것이다. 개그맨, 영업사원, 예술가, 상담가 등을 예로 들 수 있다.

성격유형의 활용

지금까지 살펴본 내용을 토대로 자신의 성격유형을 정리해 보자. 외향(E)-내향(I), 감각(S)-직관(N), 사고(T)-감정(F), 판단(J)-인식(P)의 선호지표 중에서 자신이 선택한 지표의 4가지 조합이 당신의 성격이다. ENTJ, ISTJ 하는 식으로 총 16가지 유형으로 구분된다. 앞서 언급했듯이 16가지 유형에 대한 정보는 인터넷만 검색해봐도 쉽게 찾을 수 있으므로 여기서는 각각의 유형설명을 하지 않기로 하겠다. 단 MBTI를 직업선택에서 좀 더 활용하기 위해서는 '나에게 꼭 맞는 직업을 찾는 책'(민음사)을 꼭 읽어보길 권한다. 유형이 직업선택에 적용되는 원리를 좀 더 구체적으로 이해할 수 있을 것이다.

자신의 성격을 찾고 깊이 이해하는 것은 인생 전반에 걸쳐 매우 중요하다. 성격을 알면 직업을 선택하는 것뿐 아니라, 잘 맞는 직무 분야를 찾을 수 있고, 리더십 스타일, 역량이 발휘되는 환경, 인간관계 등 직업선택 이후의 모든 과정에서 적절한 전략을 세울 수 있다.

검사 결과를 아는 것만으로는 이렇게까지 활용하기는 어렵다. 깊이 있는 활용을 원한다면 유형역동, 기질, 기능 등을 이해하는 것이 필요하다. 현재 이런 내용까지 다루는 곳이 거의 없기 때문에 지금 이 책을 읽고 있는 당신이 MBTI 기본교육을 받은(또는 내 수업을 들은) 대학생 또는 취업 준비생이라면 함께 교육을 받았던 학생 10명 이상을 모아서 내게 교육신청 메일을 보내라(물론 교육받기를 원한다면!). 시간과 여건이 맞는다면 4시간 이하의 무료 수업을 해 주겠다. 신청 클래스가 너무 많은 경우엔 어려울 수 있다는 점도 분명히 밝혀 둔다.

4.
나는 나를
어디까지 알까? ④ 재능

재능이란 무엇인가?

다른 사람은 어려워하는데 나는 쉽게 하는 일이 있을 것이다. 이 것을 흔히 재능이라고 한다. 예를 들어 어떤 사람은 어휘 능력이 좋아 자신의 생각을 글이나 말로 명확하고 적절하게 표현한다. 이 사람은 언어적 재능이 있다고 볼 수 있다. 또 어떤 사람은 다른 사 람은 귀찮아할 수 있는 정보 수집을 짧은 시간 안에 수월하게 해낸 다. 같은 시간 안에 다른 사람이 찾은 정보보다 양과 질에서 많은 차이가 난다. 이 사람은 정보 수집 능력이 남보다 탁월한 것이다.

재능은 타고난 측면도 있지만, 후천적으로 어떻게 개발시키느냐 에 따라 성과에서 많은 차이를 보인다. 따라서 자신이 어떤 재능 을 타고 났는지를 분명히 알고 그것을 어떻게 개발시킬 것인지에 대한 구체적인 계획을 세우는 것이 중요하다. 예를 들어, 비슷한 음악적 재능을 가진 두 사람이 있다 해도 일찌감치 음악 분야를 선택하고 관련된 분야에서 종사하고 있는 사람과 뒤늦게 자신의 재능을 발견하고 개발을 시작한 사람과는 많은 차이가 나타난다.

성격과 재능

재능은 성격과 밀접한 연관이 있지만, 항상 성격과 일치하는 것은 아니다. 외향적인 사람이 내향적인 사람에 비해 표현력이 좋을 가능성이 높지만 외향적이라고 해서 모두 표현력이 좋은 것은 아니다. 또한 모든 사고형이 논리적 문제해결에 뛰어나지는 않다. 재능이란 단순한 특성이 아니라 남보다 뛰어난 성과를 낼 수 있는 능력을 의미한다. 따라서 같은 사고형이라 하더라도 논리적 문제해결에서 동일한 능력을 보이는 것은 아니다. 다만 의사결정을 내리는 방식에서의 성격적 특징이 유사하다. 때문에 논리적 문제해결에서 뛰어난 재능을 보이는 사람들은 감정형보다는 사고형에 더 많이 나타난다. 반면 자신의 성격적 특징과는 상반되는 재능을 가진 사람들도 있다. 필자가 아는 어떤 사람은 평소엔 완전히 조용한 내향형인데 대중연설에는 특출한 재능을 보인다. 사람들 앞에서 강연을 할 때는 완전히 다른 사람을 보는 듯하다. 이렇듯 재능과 성격은 유사하게 연결될 수도 있고 상반될 수도 있다. 따라서 성격과는 별개로 자신의 재능을 정리하는 것이 필요하다.

자신의 성격과 재능에 맞는 직무를 찾았을 때 취업의 질이 높아지고 그 분야에서 성공할 가능성 또한 높아진다. 일에 대한 '몰입도가 높아지기 때문이다. 아무리 좋은 회사에 들어갔다고 해도 일에 몰입이 안 되면 조직생활을 유지하는 것 자체가 힘들어진다.

일을 통해 '성취감'을 경험하고 싶다면 반드시 성격과 재능을 고려하여 직업과 직무를 선택해야 한다. 흥미가 있고 가치에 맞는 일을 하고 있더라도 성과가 낮아 성취감을 느끼지 못한다면 또 다른 어려움에 봉착하게 된다. 앞서 말했듯이, 흥미가 있더라도 능력이 턱없이 부족하다면 그 일에서 성공할 확률이 매우 낮기 때문이다.

좋아하는 일과 잘하는 일이 일치하는 것이 가장 이상적이지만, 이 두 가지가 항상 일치하는 것은 아니다. 따라서 흥미가 높아도 능력이 현저하게 떨어진다면, 흥미는 좀 덜하더라도 성과가 나타나는 분야에서 직업을 선택하고 흥미분야는 취미생활로 즐기면서 균형을 맞추는 것도 한 방법이 될 수 있음을 기억해야 한다.

> "성취로 이끄는 꿈은 현재 자신의 모습이나 능력과 전혀 상관없는 공상
> 이 아니다. 우리에게는 자신의 바람과 능력이 서로 어울리는지 판단할
> 기준이 필요하다."
>
> -존 맥스웰

다중지능검사

자신의 IQ 점수를 알고 있는가? 불과 몇십 년 전만 해도 지능을 평가하는 기준은 IQ검사가 절대적이었다. 많은 부모와 학생들이

IQ 때문에 울고 웃었다. IQ점수가 개인에게 주어지면, 그 사람의 능력의 한계가 결정되는 것으로 인식했기 때문이다.

하지만 이미 많은 경험과 연구를 통해 IQ의 높고 낮음이 학업 성취도와 큰 상관이 없음이 입증되고 있다. 원래 IQ 검사는 천재 나 영재를 찾아내기 위해 개발된 것이 아니라 숨어 있는 학습 부 진아나 정신 지체아를 식별하기 위해 개발된 것이다. 그런데 언제 부턴가 뛰어난 브레인을 찾는 검사로 잘못 사용되어 왔다.

더 큰 문제는 IQ가 두뇌의 잠재력을 충분히 평가하지 못한다는 데 있다. IQ는 수학적 지능이나 언어적 지능이 중심이 된 지필검 사이다. 하지만 지능을 그러한 기준으로만 제한하다 보니, 다양한 잠재력을 가지고 있는 인간의 인지를 파악할 수 없다는 것이 명백 해졌다. 그에 대해 다양한 두뇌 연구가 이루어졌고 사람의 뇌는 다 양한 지적 능력으로 이루어져 있다는 사실이 알려지기 시작했다. 이런 흐름 속에서 새롭게 등장한 이론이 '다중지능 이론'이다.

다중지능이란 미국 하버드대 교육심리학과 교수인 하워드 가드 너가 제시한 이론이다. 가드너는 인간의 지능은 IQ와 같은 지적 개념에 한정지을 수 없고 다양한 지능으로 구성되어 상호협력하고 있다고 주장한다. 다중지능은 크게 8가지로 구분된다. 8가지 지능 은 '언어지능' '논리수학지능' '음악지능' '공간지능' '신체운동지능' '인 간친화지능' '자기성찰지능' '자연친화지능'이다.

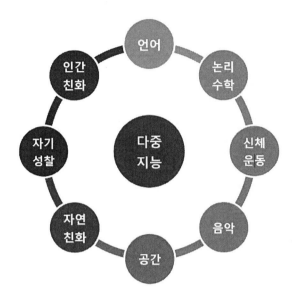

사람들은 흔히 언어지능과 논리-수학지능을 영리한 것의 기준으로 여기고 그 밖에 다른 지능은 재능이나 재주, 잡기 등으로 생각해 왔다. 즉 수학 문제를 잘 풀고 역사를 줄줄이 외우며 외국어를 잘한다면 일단 지능이 높다고 보지만 노래를 잘하거나 그림을 잘 그리고 운동을 잘하는 사람이 지능이 높다고 생각하지 않았던 것이다.

하지만 다중지능에서는 모든 지능이 동등하다고 본다. 강남스타일로 세계적인 가수가 된 '싸이', 국민요정 '김연아', 아시아 축구계의 전설이 된 '박지성'이런 이들은 IQ와 상관없는 자신의 또 다른 재능을 발휘해 각 분야의 최고가 되고 있다. 이들은 그들의 분야에서 자신만의 강점지능인 '음악지능', '신체운동지능'으로 뛰어난 성과를 거둘 수 있었다.

가드너의 말을 들어보자. "모든 사람에게는 8가지 지능이 잠재되어 있습니다. 그 중 몇 가지 높은 지능이 강점지능입니다. 자신의 강점지능을 찾아 직업의 꿈을 이룬다면 행복한 삶을 살 수 있습니다. 강점지능은 하나가 아니라 여러 가지가 나올 수 있으며, 다중지능은 보완이 가능합니다. 더 발전되기도 하고 한편 사용하지 않으면 퇴보되기도 합니다."

여기서는 자신의 재능 및 강점을 찾는 심리검사 도구로 다중지능 검사를 활용하고자 한다. 인터넷에 '다중지능 검사'라고 치면 검사를 실시할 수 있는 다양한 검사기관을 찾을 수 있다. 다중지능 검사는 8개 지능 각각에 대한 수치화된 점수를 제공해 준다. 물론 이러한 수치는 참고자료일 뿐 절대적인 자료는 아니다. 경험을 통해 확인하는 과정이 필요하다.

다중지능 검사를 통해 자신만의 강점지능을 찾고 직업탐색에 활용한다면 자신이 선택한 직업에서 높은 성취감과 만족감을 경험할 가능성이 높아질 것이다.

직업선택에서 다중지능이 중요한 이유

상대성이론으로 노벨상을 수상한 천재 물리학자 아인슈타인은 초등학교, 중학교 시절 낙제를 간신히 면할 만한 점수를 받았다. 수학과 과학을 제외한 모든 과목이 낙제점이었다. 그런 그가 커다란 업적을 남길 수 있었던 이유는 자신의 강점인 '논리수학지능'과

'공간지능'을 집중적으로 개발시키고 활용할 수 있는 물리학 분야를 선택했기 때문이다.

비폭력 저항운동으로 인도를 이끌었던 간디 역시 공부에 별 취미가 없는 평범한 학생이었다. 간디는 '인간친화지능'과 '언어지능'에서는 강점을 보였지만 예술 관련 지능에서는 상당한 약점을 보였다. 간디의 크나큰 업적 역시 그의 강점지능의 토양 위에서 이루어진 셈이다.

입체파의 거장 피카소는 '공간지능', '인간친화지능', '신체운동지능'에서 강점을 드러내며 높은 성과를 이룩했다. 그러나 피카소는 학창시절 읽기와 쓰기를 매우 어려워했다. 특히 수학은 거의 바닥 수준이었다. '언어지능'과 '논리수학지능'은 상대적으로 매우 낮았던 것이다.

이들의 예가 분명하게 보여주듯이 자신의 강점지능과 직업분야가 적절히 연결되는 것은 매우 중요하다. 그렇지 않았다면 아인슈타인, 간디, 피카소의 인생은 분명 달라졌을 것이다.

앞으로 자신의 직업에서 높은 성과를 이룩하고 성취감을 느끼기 원한다면 다중지능이 제공하는 단서들을 잘 활용하는 것이 필요하다. 아무리 흥미가 있고 가치 있는 일을 하더라도 성취감을 느낄 수 없다면 그 직업분야에서 커리어를 지속하기가 힘들기 때문이다. 또한 이것은 직업에 대한 낮은 만족감으로 연결된다.

EBS 다큐멘터리 '아이의 사생활_다중지능 편'에는 자신의 현재 직업에 불만족을 느끼는 여덟 명의 사람이 등장한다. 이들 중에는 누구나 가지고 싶은 또는 부러워할 만한 직업을 가진 사람들도 있었다. 다중지능 검사를 실시해 본 결과 이들의 강점지능과 현재 직업의 연관성이 매우 적다는 것을 알 수 있었다.

반면 이들이 희망하는 직업과 그들의 지능은 매우 깊은 연관성을 갖고 있었다. 예를 들어 영어 교사 안선미 씨는 수의사를 희망하였는데, '자연친화지능'이 높게 나왔으며, 방송작가를 희망하는 의과대학 1학년 이지영 씨는 '자기성찰지능'이 높게 나왔다.

다음으로 자신의 직업에서 높은 만족감을 표시하는 네 사람이 나왔는데, 이들은 자신의 직업과 강점지능이 일치하고 있었다. 자신의 분야에서 이룩한 성과 역시 매우 높았다.

1991년 국내 최초로 심장이식술에 성공한 외과의사 송명근 교수의 강점지능은 '논리수학지능'이었다. 각종 방송을 통해서도 우리에게 잘 알려진 패션 디자이너 이상봉 씨는 '공간지능'이 높았으며, 뛰어난 가창력의 싱어송 라이터 윤하 역시 '음악지능'이 가장 높았다.

잭슨, 로잔, 바르나 등 세계 3대 발레 콩쿠르에서 모두 수상한 한국 최초의 발레리나 박세은 양의 강점지능은 무엇이었을까? 바로 '신체운동지능'이었다.

다중지능 검사의 핵심은 지능의 높고 낮음이 아니다. 자신의 8가지 지능 중 어떤 지능이 높고 어떤 지능이 낮은지를 이해함으로써 자신이 잘할 수 있는 분야를 찾는 것이 중요하다. 즉 사람마다 잘할 수 있는 분야가 제각각이라는 것이 다중지능 이론의 핵심이다. 또한 환경과 경험에 의해 발달이 가능하기 때문에 자신의 강점을 분명히 확인하고 전략적으로 개발시킨다면 진로선택의 질을 높일 수 있다.

다중지능 테스트

지금부터는 간이 테스트를 통해 자신의 강점지능을 파악해 보려고 한다.

우선, 각 지능마다 제시되는 5가지 질문에 대해 아래 다섯 가지 기준으로 점수를 준다.

- ✓ 매우 그렇다 5점
- ✓ 대체로 그렇다 4점
- ✓ 보통이다 3점
- ✓ 그렇지 않은 편이다 2점
- ✓ 전혀 그렇지 않다 1점

그 다음으로, 지능별 점수를 합산하여 총점을 낸 뒤 높은 점수부터 1~8위까지의 순위를 정한다.

상위지능 3가지가 무엇인지 확인하고 그에 맞는 직업들을 살펴보면 의미 있는 깨달음을 얻을 수 있을 것이다. 앞에서도 강조했지만, 심리검사는 결과 자체보다 해석이 중요하다. 자신의 강점지능의 특징들을 살펴보면서 상황에 적용해 보는 것도 잊지 말자.

언어지능	
나는 책을 읽는 것을 좋아하며 독서를 많이 한다.	
다른 사람으로부터 어휘력이 풍부하다는 말을 듣는다.	
나는 생각을 조리 있게 글로 잘 표현한다.	
다른 사람이 하는 말의 핵심을 잘 파악한다.	
책이나 신문 사설 등을 읽을 때 그 내용을 잘 이해한다.	
총 점	

논리수학지능	
나는 어떤 일이든 실험하고 검증하는 것을 좋아한다.	
나는 수학, 과학과 같은 과목을 좋아한다.	
나는 논리적이라는 말을 자주 듣는다.	
나는 무엇을 암기할 때 무작정 외우기 보다는 논리적으로 이해하고 외운다.	
나는 음식, 물건 등의 가격이나 은행 이자 등을 잘 계산한다.	
총 점	

신체운동지능	
나는 평소에 몸을 움직이는 신체 놀이나 운동, 신체 활동을 좋아한다.	
나는 어떤 운동이나 춤이라도 금방 쉽게 따라 배운다.	
나는 연기나 춤과 같은 몸동작 만으로 내 생각을 잘 표현할 수 있다.	
나는 운동을 잘 한다는 말을 자주 듣는다.	
나는 만들기, 조립하기와 같은 손을 써서 하는 활동을 잘한다.	
총 점	

음악지능	
나는 자주 노래를 흥얼거린다.	
나는 노래 또는 악기를 배울 때 비교적 쉽게 배운다.	
악보를 보면 그 곡의 멜로디를 어느 정도 알 수 있다.	
다른 사람과 노래할 때 화음을 잘 넣는다.	
다른 사람의 연주나 노래를 들으면 어느 부분이 부족한지 알 수 있다.	
총점	

공간지능	
나는 조립하기, 그림 그리기, 만들기를 좋아한다.	
나는 한 번 가본 길은 기억하여 잘 찾아간다.	
나는 어림 짐작으로도 길이나 넓이를 비교적 정확하게 알아맞힌다.	
나는 글이나 숫자보다 그림이나 이미지를 활용하여 외우는 것을 더 잘 한다.	
나는 고장난 기계를 잘 고친다.	
총 점	

자연친화지능	
나는 동물이나 새, 꽃, 나무와 같은 자연물에 관심이 많다.	
나는 동물과 식물에 관하여 많은 정보를 가지고 있다.	
나는 현재 동, 식물과 관련된 활동(정보 수집, 취미활동)을 하고 있다.	
나는 동물이나 식물을 돌보는 일을 좋아한다.	
나는 환경보호에 관심이 많고 환경 문제를 해결할 수 있는 방법들을 많이 알고 있다.	
총 점	

자기성찰지능	
나는 내가 잘하는 일, 좋아하는 일이 무엇인지 정확하게 알고 있다.	
나는 나의 건강상태, 기분, 컨디션 등을 정확하게 파악할 수 있다.	
나는 스스로를 되돌아보고 앞날을 계획하는 것을 좋아한다.	
나는 나 자신의 잠재력을 개발하기 위해 노력하고 있다.	
나는 미래를 위한 뚜렷한 신념과 목표가 있다.	
총 점	

인간친화지능	
나는 다른 사람의 고민을 잘 들어주거나 해결해 주는 것을 좋아한다.	
나는 다른 사람의 감정이나 느낌을 잘 이해한다.	
나는 다른 사람들로부터 다정다감하다는 소리를 자주 듣는다.	
나는 누구와도 원만하게 잘 지내는 편이다.	
내가 속한 집단에서 내가 해야 할 일을 잘 찾아서 수행한다.	
총 점	

각 지능에 대한 총점을 모두 계산했다면 1위부터 8위까지 순위를 매겨 보자. 다음으로 8가지 지능 중 상위지능(강점지능) 3가지와 약점지능(최하위지능)을 확인해 보자. 다중지능을 직업선택에 활용하려면 상위지능의 조합을 이해하는 것이 필요하다. 예를 들어 똑같이 언어지능이 높다 하더라도 그 다음으로 높은 지능이 인간친화지능인 경우에는 김제동, 유재석과 같이 말로 표현하는 직업에 더적합하고, 언어지능 다음으로 자기성찰지능이 높은 경우 세익스피

어, 공지영과 같이 글로 표현하는 소설가와 같은 직업에 더 적합할 수 있다. 언어지능이 논리수학지능과 조합을 이루면 어떨까? 아마도 변호사와 같은 직업이 잘 어울릴 것이다. 자 그럼 이러한 부분을 생각하면서 지금부터 각각의 특징들을 살펴보자.

언어지능
- 말재주와 글 솜씨로 세상을 이해하고 만드는 능력

"사랑하는 사람을 찾듯이 사랑하는 일을 찾아라."

"혁신은 리더와 추종자를 구분하는 잣대다."

애플의 전 CEO 스티브 잡스의 어록들이다. 잡스는 몇 마디 말만으로 수많은 사람들에게 강력한 영향력을 미치곤 했다. 언어지능이 높은 사람들은 자신의 감정과 생각을 묘사할 때 다른 사람보다 언어를 효과적으로 사용한다. 같은 이야기를 하더라도 단어 선택이 탁월하다. 이들은 말과 글을 통해 감동과 재미를 선사한다. 로미오와 줄리엣의 작가로도 유명한 세계적인 문호 세익스피어도 그 중 하나다. 그는 수백년이 지난 지금까지도 문학작품으로 사람들의 마음을 움직이고 있다.

모든 사람들이 언어를 사용하고 언어를 통해 의사소통을 하기 때문에 어떻게 보면 언어지능은 보편적인 능력이라 할 수 있다. 하지만 언어지능이 평균 이상의 사람들은 언어를 좀 더 효과적으로 사용한다고 보면 된다. 또한 다른 지능이 말과 글을 통해 표현되기 때문에 언어지능은 다른 지능과 연계성이 가장 높은 지능에 속한다. 인문학, 사회과학, 공학, 의학과 같은 학문들도 글이나 말을 통해 전달되기 때문이다. 상대가 말하려는 핵심이 무엇인지, 그런 이야기를 하는 이유가 무엇인지를 잘 파악하는 능력도 언어지능이 뛰어나야 가능하다.

언어지능이 뛰어난 사람들이 택할 수 있는 직업으로는 글을 통해 자신의 생각과 감정을 표현하는 시인, 소설가, 말로 웃음과 재미를 만들어 내는 개그맨, 청중을 휘어잡는 대중 연설가(강사), 자신이 알고 있는 바를 전달하는 교사, 다른 사람을 설득하고 자신의 의견을 따르게 해야 하는 정치가, 말과 글로 정보를 전달하는 아나운서 및 기자, 신문이나 책 등을 만드는 편집자 등이 있다. 이외에도 번역가, 통역가, 쇼 호스트, 언론인, 변호사, 선생님, 상담사 등이 있다.

논리수학지능
- 숫자나 규칙, 명제 등을 잘 익히고 만들어내는 능력

숫자에 특히 민감하고 수학과 과학을 좋아해서 어려운 수학 문제도 손쉽게 풀어내는 사람들, 어떤 일을 하든 합리적이고 논리적인 것을 좋아하는 사람들이 바로 논리수학지능이 높은 사람들이다. 이들은 세상을 이해하는 데 있어 현상 속의 규칙이나 법칙을

발견하는 것을 잘한다. 또한 어떤 사실을 증명해 나가는 데 놀라운 추리력을 발휘한다. 사실들 간의 연관성을 이해하는 능력이 있어 어렵고 복잡한 문제들도 적절히 풀어낸다. 논리수학적 능력이란 단지 숫자 계산만을 잘하는 것이 아니라 문제를 인지하고 해결해 나가는 능력이다. 따라서 이들은 수학적 계산을 비롯해 논리적 사고, 문제해결, 연역적이고 귀납적인 추리, 패턴과 관계들에 대한 이해가 탁월하다. 수와 논리적 과정에 대한 문제를 보통사람들보다 훨씬 빠르게 풀어내는 것은 이러한 특성 때문이다. 증명에 강하기 때문에 논쟁에도 강한 면모를 보인다. 보통 이들은 "왜?"라는 말을 자주 한다.

학자들의 경우 어려운 연구과제를 성공적으로 수행하는 모습으로 나타나고(아인슈타인처럼), 직장인들의 경우 논리적이고 분석적인 일처리 방식을 통해 드러난다. 때때로 논리수학지능은 논리적인 사고단계를 거치지 않고 곧바로 결론에 이르기도 한다. 이것을 논리수학지능의 '비언어적 특성'이라고 하는데, 과제를 풀기 위해 연구를 거듭하는 순간 '아하!' 하는 직감과 함께 해결책을 떠올리게 되는 것이다. 이런 경우에는 예상 결과가 적절하다는 것을 입증하기 위해 논리를 세우는 방식으로 과정을 밟게 된다.

논리수학지능이 뛰어난 사람들은 기본적으로 '수'와 관련되거나 분석적인 사고를 토대로 일하는 직업군에 종사하는 경우가 많다. 수학자, 회계사, 과학자, 통계학자, 의사, 증권 분석가, 컴퓨터 프로그래머, 법률을 해석하여 논리적으로 적용하는 법률가, 문제의 원인을 분석하고 전문적인 조언을 제시하는 컨설턴트, 객관적인 증거를 근거로 사건의 옳고 그름을 가려내는 검사, 판사 등이 있다.

신체운동지능

- 신체 활동을 즐기고 신체를 표현하거나 활용하는 능력, 신체
  를 통해 작품을 만들어 내는 능력

대한민국 1호 프리미어리거 박지성, 피겨 여왕 김연아는 신체운동지능이 뛰어난 대표적 인물이다. 신체운동지능은 말 그대로 몸을 움직이는 능력을 의미한다. 손과 발 등의 신체 협응력, 균형감각과 민첩성, 순발력, 표현력, 지구력 등 운동감각을 조절할 수 있는 신체조절력과 그를 통한 사물의 움직임을 조절하는 능력이다. 단순히 운동하는 것을 넘어서 생각이나 느낌을 몸동작으로 표현하는 능력도 포함된다. 신체운동지능은 일상생활에서 쉽게 확인된다. TV에 나오는 아이돌의 춤 동작을 쉽게 따라 한다거나 눈과 손의 협응능력이 좋아 조립하고 만드는 일을 좋아하고 잘하는 것 등이다. 신체운동지능은 운동 분야에서뿐 아니라 다양한 영역에서 나타난다. 음악지능과 연결되면 손의 움직임이 음악적 능력과 결합되어 정교한 악기 연주자가 되고, 논리수학지능과 조합을 이루었을 때는 논리적 과정을 거쳐 실제 손을 이용하여 구체화해야 하는 외과의사나 발명가 등이 될 수 있다. 언어지능과 연결되면 어떨까? 소위 '몸 개그'의 달인이 나올 수 있다. 슬랩스틱 코미디의 대가 찰리 채플린이나 심형래를 예로 들 수 있겠다.

대표적인 직업으로는 운동선수를 비롯해, 무용가, 안무가, 스포츠 해설가, 몸동작과 표정으로 감정을 전달하는 배우(뮤지컬배우, 액션배우, 영화배우, 탤런트 등), 운동지도자, 경찰, 레크레이션 지도자, 외과의사, 물리치료사, 체육교사, 조각가, 군인, 보석 세공인, 헬스 트레이너, 카레이서 등이 있다.

음악지능
- 음과 박자를 쉽게 느끼고 창조하는 능력

음악지능이란 음악에 대한 전반적인 이해력, 음에 대한 변별력과 변형 능력, 표현 능력을 뜻한다. 음악지능은 다른 지능에 비해 어릴 때부터 두각을 나타내는 지능이다. 이 지능이 높은 사람은 멜로디, 리듬, 소리와 같은 음악적 요소에 민감하고 음악감상이나 악기 연주를 즐긴다. 음악지능이 표현되는 모습은 매우 다양하다. 노래를 잘 부르거나 악기를 잘 연주할 수도 있고, 작곡에 능력을 보일 수도 있다. 또는 멜로디나 음을 잘 기억하고, 음악적 정서를 잘 느끼는 것으로 나타난다. 음악지능은 사람들 간에 능력 차가 뚜렷하다고 볼 수 있다. 또한 음악지능을 개발시키기 위한 체계화된 음악 교육을 받지 않으면 더 이상 발달하지 않는다.

성악가, 가수, 작곡가, 작사가, 연주가, 음악평론가, 라디오 선곡자, 지휘자, 음향 엔지니어, 악기 제조가, 음반 프로듀서, 음악치료사, 피아노 조율사 등 음악과 관련된 전문 직업들을 생각해 볼 수 있다.

공간지능
- 도형, 그림, 지도, 입체 등을 구상하고 창조하는 능력

어림짐작으로 사물의 길이나 넓이를 잘 알아맞히는 사람을 본 적이 있는가? 공간지능이 높은 사람의 기본적인 특징이다. 공간지 능은 그림이나 이미지와 관련된 지능으로 시공간적 세계를 정확하 게 인지하고 그것을 변형시키는 능력과 시각적·공간적인 아이디어 를 시각화하거나 그림으로 나타내는 능력, 추상적인 것을 구체화 하는 시각적 능력, 공간적 구조에 자신을 적절하게 위치시키는 능 력을 말한다. 건축설계사가 눈에 보이지 않는 공간을 머릿속으로 구상하고 이를 실제로 구현하는 것이라든가 인테리어 디자이너가 공간의 특성을 활용하여 적절히 배치와 색상을 조합시켜 공간을 아름답게 꾸미는 것 등을 떠올려 보면 된다. 이들은 관찰을 통해 학습하고, 사람의 얼굴, 물건의 형태, 색깔 등의 세부적인 특징을 잘 기억한다. 사진과 영상을 창출하는 능력도 뛰어나다.

그림이나 지도 등을 잘 이해하며 반대로 여러 가지 아이디어를 도표나 지도, 그림으로도 잘 나타낸다. 공부를 할 때도 글로 써서 외우는 것보다는 도표나 마인드 맵, 이미지 등을 활용하여 암기하 는 것을 즐긴다.

회화와 조각을 하는 시각예술가, 건축가, 건축설계사, 인테리어 디자이너, 색채 디자이너, 지도 제작자, 파일럿, 포토 그래퍼, 스타 일리스트, 만화가, 미대 교수, 연출가, 코디네이터, 메이크업 아티스 트, 사진사, 요리사, 지리학자, 일러스트레이터, 치과의사 등의 직업

에서 많이 찾아볼 수 있다.

자연친화지능

- 식물, 동물, 주변환경에 대해 관심이 많고 그 인식과 분류에
  탁월한 지식과 기술을 발휘하는 능력

　자연친화지능이 높은 사람은 기본적으로 동물이나 식물을 좋아하고 자연 속에서 편안함을 느낀다. 자연친화지능이란 자신이 대하는 다양한 동식물, 환경, 광물의 특성에 대해 이해하고 이를 자신만의 기준으로 분류하고 차이를 이해하는 능력을 의미한다. 특정 동식물과 광물을 분류하고 인식하는 능력이 우수하며, 이를 관찰하며 상당 수준의 지식과 기술을 누적해간다.

　자연친화지능이 높다는 것은 단순한 관심을 넘어선다. 이들은 자연 대상에 대해 지속적으로 관심을 가지며, 관심 대상의 미묘한 차이를 구분해 낸다. 그리고 동식물의 특성에 맞게 돌봐주려는 태도를 갖는다. 자연친화지능을 영어로 표기할 때 '동식물 연구가'(Naturalist)라는 용어를 사용하는데 이것은 자연친화지능의 핵심 능력과 여러 가지 특성들이 함께 포함된 말이다. 동식물 연구가는 자신이 살아가고 있는 환경 및 동식물을 비롯한 방대한 종(種)들에 대한 인식과 분류에 탁월한 전문 지식과 재능을 지닌 사람들이다. 조류 박사 윤무부, 옥수수 박사 김순권 등이 이 지능의 대표적인 인물이라 할 수 있다.

식물학자, 유전공학자, 조류학자, 환경운동가, 지질학자, 플로리스트, 수의사, 해양학자, 동물학자, 동물 사육사, 공원 관리자, 한의사, 천문학자, 기상학자, 생명공학자, 고고학자 등의 직업군에서 자연친화지능이 높은 사람들을 많이 찾아볼 수 있다.

자기성찰지능
- 자신의 심리와 정서를 파악하고 표출하는 능력

자기성찰지능은 한 마디로 '자신을 아는 능력'이다. 그래서 '자기이해지능'이라고도 부른다. 자기성찰지능이 높을수록 자신이 좋아하는 것과 싫어하는 것이 무엇인지, 잘하는 부분은 무엇인지, 부족한 것이 무엇인지 등 자신에 대해 정확히 인식할 수 있다. 그리고 자기이해를 기초로 적응하는 능력이 뛰어나다.

이들은 단순히 강점과 약점을 파악하는 것을 넘어서 강점을 강화시키고 약점을 보완하려고 노력한다. 즉 스스로 성장하고 발전하는 데 집중한다. 또 문제가 생겨도 이런저런 불평을 늘어놓는 대신 원인을 파악한 뒤 긍정적인 의미를 부여하고 문제를 해결하려 한다.

또한 이들은 자신의 내면에서 일어나는 감정상태를 세심히 구별하여 그 원인을 파악한다. 자기성찰지능이 높다는 것은 자신의 감정을 잘 파악하고 조절하는 것을 포함한다. 화가 나는 상황에서도 자신의 감정과 생각을 건강하게 표현하기 위해 다양한 방법을 활용할 줄 안다. 누군가와 대화를 한다거나, 책을 보면서 새로운 관점으로 상황을 해석하는 것과 같은 다양한 시도를 하는 것이다.

이들은 삶의 의미와 목적 등에 관심이 많다. 자신의 꿈, 미래, 자아실현과 같은 것을 주제로 대화하는 것을 좋아한다. 따라서 자신의 삶을 진지한 관점으로 바라보며 끊임없이 노력한다. 어떤 일을 마친 후에도 과정과 결과를 냉정하게 분석하면서 반성하는 시간을 갖는다. 말 그대로 스스로를 들여다보는 시간을 자주 갖는 것이다.

자신에 대한 이해를 토대로 강점을 찾고 계발할 줄 아는 능력이기 때문에 자기성찰지능은 흔히 성공한 사람들의 공통된 강점지능의 하나로 나타난다. 앞서 EBS 다큐멘터리에서 등장한 외과의사 송명근, 디자이너 이상봉, 발레리나 박세은, 가수 윤하 등은 자신의 분야에 맞는 각각의 강점지능을 가지고 있었지만 이들 모두가 공통적으로 가지고 있는 강점지능이 바로 자기성찰지능이었다. 자기성찰지능이 자신의 목표를 인식하고 자기조절을 잘하는 능력임을 고려할 때 이러한 결과는 당연한 것으로 보인다.

수녀, 신부님, 스님, 목사님과 같은 종교인, 철학자, 예술가, 작가, 심리학자, 정신과 전문의, 신학자, 작곡가, 소설가 등의 직업에서 이 지능이 높은 사람들을 많이 발견할 수 있다.

인간친화지능
- 대인관계를 잘 이끌어가는 능력

인간친화지능이 높은 사람은 주변 사람들에게 선한 영향력을 끼쳐 세상을 바람직하게 변화시키는 능력이 뛰어나다. 평생을 가난하고 아픈 이들을 위해 헌신했던 테레사 수녀, 흑인 노예해방을 이룩한 아브라함 링컨, 2차 세계 대전을 승리로 이끈 정치가 처칠 등이 인간친화지능이 높은 대표적 인물들이다.

인간친화지능이란 기본적으로 다른 사람들과 어울리고 소통하는 능력과 타인의 감정과 행동 등을 인식하고 해석하는 능력이기 때문에 '대인관계지능'이라고도 불린다. 인간친화지능이 높은 사람은 얼굴 표정, 목소리, 몸짓 등에 섬세한 감수성을 가지고 있어서 그 안에서 나타나는 미묘한 뉘앙스를 적절히 구별하고 상대방의 기분과 의도, 동기 등을 세심하게 파악한다. 그러한 이해를 바탕으로 사람을 이해하고 공감하며 상황에 대처한다.

따라서 이들은 보통 원만한 인간관계를 형성하고 유연한 사고방식을 가지고 있다. 무엇보다 다른 사람들의 생각, 행동에 관심이 많아 그들의 의견과 행동을 존중한다. 소외된 사람들을 챙기려 하고 집단에서 솔선수범하려 하는 것도 인간친화지능이 높은 사람의 전형적인 모습이다. 이러한 능력으로 인해 조직 안에서도 중심에 서게 되는 경우가 많고, 그에게 조언을 구하고 의지하려는 사람도 많다.

인간친화지능은 거의 모든 직업에서 필요한 능력이라고 볼 수 있다. 타인과 집단의 현재 상황을 적절하게 파악하는 것은 다양한 직업군에서 필요한 능력이기 때문이다. 교사, 정치가, 종교지도자, 상담가, 심리치료사, 사업가, 세일즈맨, 자영업자, 정신과 의사, 외교관, 연예인, 개그맨, 간호사, 의사, 마케팅 조사원, 이벤트 사업가, 승무원 등에서 이 지능이 높은 사람들을 어렵지 않게 찾아볼 수 있다.

☑ 직업과의 연관성 check!

자신만의 강점지능을 찾았으면 그 경험이 삶 속에서 어떻게 발현되고 있는지를 확인하는 것이 필요하다. 지능은 환경에 따라 개발될 수도 사장될 수도 있기 때문이다. 모차르트, 에디슨과 같은 인물들도 천재성이 깨어나기까지 수많은 연습과 시행착오가 있었음을 기억하자. 자신의 강점지능이 언제 어떻게 발현되어 성취를 경험했는지, 또 지속적으로 개발되어 왔는지 등을 정리하는 과정은 커리어 선택에 있어 새로운 깨달음을 줄 수 있다.

필자는 '교육컨설팅' 분야에서 일하고 있다. 기업과 공공기관, 그리고 대학생들을 대상으로 프로그램을 기획하고 강사들을 양성한다. 직접 강의를 진행하는 것은 물론이다. 이 분야에서 필자의 성과는 매우 높은 편이다.

"매수업마다 이렇게 소름 끼치는 수업은 처음이었습니다."

"롤모델로 삼고 싶어요."

"자기계발서 10권을 읽어도 채워지지 않는 대학생의 공감을 교수님의 진실함이 움직이셨습니다."

학생들의 이런 소감을 읽다 보면 스스로 놀랄 때도 많다. 교육 이후 지속적인 인연을 맺고 관계를 유지하는 학생들도 적지 않다. 물론 이런 과분한 평가들은 단지 필자의 강점이 드러나는 분야이기 때문에 가능하다는 것을 필자 스스로도 잘 알고 있다. 그렇다면 이런 성과를 가능케 하는 필자의 강점지능은 무엇일까?

필자는 언어지능, 인간친화지능, 자아성찰지능, 논리수학지능에서 강점을 가지고 있다. 그 중 가장 높은 것이 언어지능과 인간친화지능이다. 강의를 통해 사람들과 관계를 맺고 대화하는 것은 필자에겐 상대적으로 매우 쉬운 일이다. 또한 가장 행복하고 성취감을 느끼는 순간이기도 하다. 아울러 자아성찰지능으로 인해 필자 자신의 내면을 살피고 반추해 본 경험들이 강의 내용과 표현방식에 고스란히 반영되는데, 그 결과 강의 이후 '자신의 내면을 돌아보고 새로운 깨달음을 얻었다'는 피드백을 많이 볼 수 있다. 수업의 내용을 정하고 논리적 흐름을 결정하는 데는 논리수학지능이 중요한 역할을 한다. 교육생들이 어려워하는 문제가 무엇인지를 정확히 파악하고 그에 대한 해답을 주기 위해 논리적인 근거를 바탕으로 콘텐츠를 구성한다. 이것은 좋은 피드백을 이끌어내는 또 하나의 원동력으로 작용한다.

이번엔 반대를 생각해보자. 필자의 약점지능은 '공간지능'이다. 강점지능으로 인해 강의 내용과 표현방식을 결정하는 데는 별 어려움을 못 느끼지만, 그것을 조화로운 색감을 가진 시각적 자료로 만드는 것에서는 많은 한계를 느낀다. 또한 교육은 내용도 중요하지만 교육 장소의 공간적 구성(책상의 배치, 교육자료 배열 등)도 중요한데 그런 감각이 부족해서 종종 강의 효과가 반감되는 것을 경험한다. 필자가 공간지능의 부족으로 인해 가장 좌절감을 느꼈던 때는 군대 시절이다. 지도를 보는 감각이 떨어져서 애를 먹은 적이 한두번이 아니다. 만약 공간지능을 핵심역량으로 필요로 하는 직업을 선택했다면 지금의 성과는 기대하기 어려웠을 것이다. 하지만 나자신의 강점지능과 약점지능을 잘 인식하고 있기 때문에 필요할때 공간지능이 높은 동료의 도움을 적절히 활용하고 있고, 강점을 극대화하면서 약점을 보완하기 위한 나만의 전략을 가지고 있다.

필자가 말하고자 하는 핵심은 첫째, 필자가 자신의 강점지능을 정확히 알고 있고 그에 맞는 분야에서 일하고 있다는 것이다.

둘째, 그러다 보니 필자의 강점지능이 점점 더 개발되어 왔다. 지능은 쓸수록 개발되고 확장되기 때문이다.

셋째, 이 분야에서 높은 성과를 기반으로 행복감과 성취감을 경험하고 있다.

넷째, 필자 자신의 약점지능이 무엇인지 이해하고 있기 때문에 적절한 도움을 요청할 수 있고 나름대로의 보완전략을 세우는 것이 가능하다.

중요한 건 단순히 자신의 강점지능이 무엇인지 아는 것이 아니다. 그것이 현재 나의 삶에서 어떻게 활용되고 있는가를 인식하고 보다 효과적으로 개발시켜 나가는 것이 중요하다. 자신의 강점지능을 지속적으로 개발시킬 수 있는 분야에서 일한다는 것은 커다란 축복이라고 생각한다. 자신이 선택한 분야에서 성취감을 경험하고 싶다면 취업의 과정에서 강점지능을 반드시 활용하기 바란다.

5.
성찰이 더해져야
진짜 아는 것이다

대기업들이 인문학적 인재를 찾는 이유

인문학이 난리다. 사회의 다양한 곳에서 인문학적 요구가 점점 더 많아지고 있다. 여러 대기업에서도 스펙이 아닌 인문학적 소양을 갖춘 인재를 뽑겠다고 공언하고 있다.

"우리가 창의적인 제품을 만든 비결은 우리는 항상 기술과 인문학의 교차점에 있으려 했기 때문입니다."

지난 2010년 아이패드 발표회장에서 스티브 잡스가 이 말을 한 이후 인문학 열풍이 더욱 거세지면서 '과학기술'과 '인문학적 소양'을 두루 겸비한 '융합적 인재'가 새로운 채용 트렌드가 되고 있다.

그렇다면 '인문학적 소양'이란 무엇을 의미하는 걸까?

인문학이란 자연과학과 대비되는 개념이다. 자연과학은 객관적인 자연현상을 다루는 학문으로 일반적으로 과학이라고도 한다. 물리학, 화학, 생물학, 천문학 등이 이에 속한다. 이에 반해 인문학은 인간과 관련된 근원적인 문제나 사상, 문화 등을 중심적으로 다룬다. 역사, 예술, 철학, 문학, 종교, 심리학 등이 대표적인 분야들이다. 한 마디로 인문학이란 '인간에 대한 탐구'를 하는 것이다.

결국 인문학적 소양이란 '인간에 대한 깊은 이해'를 기반으로 한 감성과 사고능력을 의미한다고 볼 수 있다.

애플의 창의적인 제품들은 인간이해로부터 출발한다. 그 대표적인 예가 '휴먼 스페이스'다. 기계를 사용하는데 기계적인 방식 대신 사람의 자연스러운 행동을 인터페이스에 도입한 것이다. 화면을 터치해서 손가락으로 책장 넘기듯 스윽 그으면 스르륵 넘어가는 식이다. 이런 방식은 참신할 뿐 아니라 기계를 쉽게 사용할 수 있게 해준다. 애플은 초기에 운영체제를 개발할 당시 엔지니어는 물론 심리학자, 철학자, 인류학자 등의 인문학자들도 투입했다고 한다. 컴퓨터는 기계지만 그것을 사용하는 것은 사람이기 때문에 결국 사람에게 친화적인 환경을 조성해야 한다는 생각을 했기 때문이다. 그래서 애플의 제품들은 '인간친화적'이라는 특징을 갖는다. 잡스가 말한 대로 애플에서 창의적 제품들이 나올 수 있었던 것은 인문학과 과학기술의 교차점에 있었기 때문이다. 인문학은 잡스의 경영철학을 형성하는 데 매우 중요한 역할을 했을 것이다. 그것은 제품개발에 관한 새로운 관점을 형성했고 새로운 제품을 탄생시켰다. 인문학이 과학기술이 활용되는 방향을 결정하는 데 중요한 역할을 한 셈이다. 창의적 생각, 새로운 사고방식은 주입식 교육과 암기만으로는 절대 발현될 수 없는 능력들이다. 그 뿌리가 되는 것이 인문학적 소양이다.

"공학적 사고가 어려운 문제를 해결하는 것이라면, 인문학은 어려운 질
문을 던지는 것이다."

-제네비브 벨(인텔 상호작용 및 경험 연구소 소장)

인문학적 소양이란 얼마나 많은 고전을 읽고 얼마나 많은 인문학
적 '지식'을 갖고 있는가에 대한 것이 아니다. 오랜 역사 속에서 축
적된 인간의 본질과 특성에 대한 이해와 지혜를 기반으로 한 '내공'
과 '관점'이 있는가를 묻고 있는 것이다. 애플의 창의적 제품들도 인
문학적 '지식'의 접목이 아닌 '관점'이 접목된 결과들이다. 기업들은
단순히 인문고전을 많이 읽은 사람이 아니라, 인문학적 사고를 통
해 색다른 관점으로 문제를 바라볼 수 있는 인재를 뽑으려 한다.

인문학적 소양을 기르기 위한 출발점 – 자아성찰

그렇다면 인문학적 소양을 기르기 위해서는 어디서부터 어떻게
시작해야 할까?

정용진 신세계 부회장의 말을 들어보자. "인문학이란 '왜 사는가'
를 살피는 것입니다. 일이든 개인이든 행복하게 살기 위해서는 자
기 자신을 이해해야 합니다. 그래야 통찰력을 키우고 상상력을 발
휘할 수 있습니다." 인문학적 소양을 갖춘 인재가 되기 위해서는
깊은 자아성찰의 과정이 필수적이란 의미다.

모든 문학작품, 예술작품에는 작가의 내면세계가 반영되어 있다.

자신의 내면을 이해하고 고민하는 과정이 선행되었다는 뜻이다. 철학도 결국엔 자신의 내면에 대한 고민으로 시작된다. 나는 누구인가? 진정으로 원하는 것은 무엇인가? 무엇을 위해 살아야 하는가? 와 같은 철학적 질문들에는 자아성찰이 전제되어 있다. 이런 의미에서 인문학적 관점을 가지라는 것은 '생각을 하라'는 뜻이다. 자신의 인생을 아무 생각 없이 살아가지 말라는 뜻이다. 자신이 누구이고 무엇을 원하는지 또 어떻게 살아야 할지를 충분히 생각해 보라는 것이다.

현재 많은 기업들이 '조기 퇴사율'을 낮추는 데 비상이 걸려 있다. 2014년 대졸 신입사원의 1년 내 퇴사율은 25.2%에 달한다(한국경영자총협회 기준). 4명 중 1명이 들어온 지 얼마 안 돼 회사를 그만두는 것이다. 2010년에 15.7%였다는 점을 감안할 때 이는 엄청난 증가율이다. 가장 많이 나오는 퇴사 이유는 '나랑 잘 안 맞는 것 같아서', '나를 찾고 싶어서'라고 한다. 충분한 자아성찰 없이 회사에 들어오는 경우가 점점 많아지고 있다는 의미다.

이런 식으로 회사에 들어온 사람은 회사에 남아 있더라도 '시키는 일'만 하는 수동적인 사람이 될 가능성이 높다. 뚜렷한 방향 없이 자신의 일을 선택한 대한민국의 많은 수재들이 기업에 들어가서 수동적인 업무 태도를 보인다. 이 또한 많은 기업들이 가진 고민거리다. 주인의식을 갖고 자발적이고 주도적으로 일하는 인재들을 찾고 있는 것이다. 인문학적 소양을 갖춘 인재를 뽑고자 하는데는 깊은 자아성찰의 과정을 거쳐 자신의 길을 선택한 사람을 찾고 싶다는 의미 또한 내포되어 있다.

자아성찰 능력은 자신에게 맞는 직업을 찾기 위해서뿐만 아니라 시대가 원하는 인문학적 소양을 겸비한 '융합적 인재'가 되기 위해서도 반드시 개발시켜야 하는 능력이다.

자기이해를 넘어 자아성찰로…

가치, 흥미, 성격, 재능 등의 정보들이 경험 안에서 활용될 때 자기이해를 넘어 자아성찰로 이어지게 된다. 자아성찰 능력 개발에 있어서 가장 중요한 것은 자신에 대해 생각해 볼 시간과 기회를 충분히 갖는 것이다. 자 그럼 지금까지의 정보들을 가지고 어떻게 하면 자아성찰 능력을 높일 수 있을지를 생각해 보자.

가장 먼저는 심리검사 결과들을 종합해서 정리해 보는 것이 좋다. 비싼 비용을 들여 심리검사를 받아도 결과만 보고 잊어버리는 경우가 대부분이다. 더 이상 활용하지 않는 것이다. 자신에 대한 정보들을 일목요연하게 볼 수 있도록 간략히 정리하는 과정에서부터 자아성찰 능력은 개발되기 시작한다. 가치, 흥미, 성격, 재능의 정보들이 어떤 식으로 상호 연결되어 발현되고 있는지가 자연스럽게 들어오기 때문이다. 앞에서 제시했던 CAN, WANT, FIT의 세 원을 그려보고 교집합을 찾아보는 것도 좋다. 중요한 것은 자신의 정보들을 과거의 경험에 대입해 가면서 정리하는 것이다.

그 다음으로는 그런 정보들을 바탕으로 경험해야 할 목록들을 작성하고 실천해 본다. 예를 들면, 자신의 특성과 가장 맞는 분야라고 생각되는 곳에서 아르바이트를 하거나 인턴을 해 보는 것이다. 경험은 자신에 대한 이해를 더 깊고 입체적으로 만들어준다.

얼마 전 대기업에 입사한 L군은 학창시절 보통 대학생들처럼 막연히 어학연수를 준비했다. 그러다가 대기업 인턴을 하게 되면서 자신이 연구직에 잘 맞는 것을 확신하게 됐다. 그 이후 '분명한 목적 없이 어학연수를 가기보다는 나에게 맞는 과정을 찾아야겠다'는 생각을 하게 됐고 그에 맞는 계획을 세우고 실천했다. 지금 L군은 그가 원하던 연구직에 종사하고 있다.

산업은행 입사를 목표로 준비중인 H양은 우유부단한 성격 탓에 졸업 이후 분명한 방향을 잡을 수 없었다. 그러던 중 산업은행에서 인턴을 경험할 기회를 얻게 되었고 그 경험 이후 자신에게 딱 맞는 직업이라는 확신을 가지게 되었다. 심리검사도 해보고 상담도 받아봤지만 경험이 병행되었기에 자신에 대한 분명한 판단을 내릴 수 있었다고 한다.

반대로 K군은 자신이 오랫동안 하고 싶다고 생각했던 영양사 실습을 다녀온 이후 자신이 생각한 바와 많이 다르다는 것을 인식하고 새로운 길을 찾게 됐다.

자신의 관심사를 중심으로 다양한 경험을 해보는 것은 중요하다. 경험이 수반되면 그것은 중요한 순간에 결정적인 판단의 근거로 작용하기 때문이다. 자신에 대한 정보와 경험이 적절히 조화를 이룰 때 자아성찰 능력은 배가된다. 대학생들을 상담해 봐도 경험이 많은 학생들이 자신에 대해 더 잘 이해하고 있는 경우가 많다. 경험은 자신이 누구인지를 더 분명하게 알려준다.

자아성찰 능력을 높이기 위해서 또 하나 중요한 것은 '독서'다. 'Leader is Reader'라는 말이 있다. 세상에 남다른 영향을 미치는 리더들은 모두 책을 많이 읽는 사람들이라는 뜻이다. 책을 많이 읽는 모든 사람이 리더는 아니지만, 남다른 내공과 통찰력을 지닌 리더들이 모두 '독서광'이었던 것은 분명하다. 인도의 정신적 지도자 간디, 세계적인 기업 마이크로소프트의 창립자 빌 게이츠, 애플의 전 CEO 스티브 잡스 등 자신의 분야에서 괄목할 만한 일들을 해낸 사람들은 모두가 독서의 대가들이었다.

책을 읽는다는 것은 특정한 주제에 대해 책의 저자와 깊은 대화를 하는 것과 같다. 고전을 많이 읽으라고 하는 것도 결국엔 깊은 지혜를 가진 저자와 대화하란 뜻이다. 그런 사람들과 자주 대화한다면 생각과 관점이 넓어지고 깊어지는 게 당연하지 않겠는가. 하지만 무턱대고 책을 많이 읽는 것은 쉽지 않다. 애당초 독서에 흥미가 있거나 어린 시절부터 독서 습관이 잘 들어 있는 사람이 아니라면 말이다.

일단은 독서의 유익을 직접 맛보는 것이 중요하다. 그러다 보면 책을 읽는 것은 자연스런 습관이 된다. 따라서 먼저 관심분야의 책으로 시작하는 것이 좋다. 필자는 학창시절부터 리더십에 관심이 많았다. 그래서 필자가 처음 읽기 시작한 책은 리더십에 관련된 책이었다. 물론 매우 얇은 책부터 시작했다.

관심 주제를 읽다 보면 지식도 많아지지만, 자신에 대한 이해가 더 깊어진다. 내가 그 분야에 관심이 많은 이유가 분명해지면서 '내가 진정으로 원하는 것은 무엇인가?' '내가 추구하는 가치는 무엇인가?'에 대한 답을 찾게 된다. 리더십을 읽다 보니, 리더의 자기 이해가 중요함을 알게 되었고 자연스레 성격과 심리에 대한 책을 읽게 되었다. 그리고 그런 식으로 분야가 연결되면서 역사와 철학으로까지 이어지게 되었다. 예전에는 고전을 읽는 것이 힘들었는데 '소크라테스의 변론'을 읽으면서 눈시울을 붉히고 있는 자신을 발견하면서 깜짝 놀라기도 했다. 독서의 분야가 점점 더 넓어져서 어느덧 고전을 읽는 즐거움을 느끼고 있었기 때문이다.

책을 읽다 보면 나 자신에 대한 이해가 깊어지면서 세상을 보는 눈이 달라진다. 똑같은 문제도 다양한 관점에서 보게 되고 문제를 대하는 마음가짐도 대응방식도 달라진다.

무조건 대기업을 가려던 J군은 자존감과 관련된 책을 읽고 "지금까지 저는 제 꿈이 아니라 주변 사람들이 원하는 꿈을 꾸고 있었습니다. 어린 시절 상처가 인정받고자 하는 집착을 낳았고 왜곡된 판단을 하고 있음을 알게 되었습니다."라고 말했다. 더 깊은 자아성찰의 시간을 가지게 되었음은 물론이다. 비슷한 가치, 성격, 흥미, 재능을 갖고 있다 하더라도 내면적 깊이에 따라 전혀 다른 삶을 살 수 있다. 독서는 그러한 내면적 수준을 결정하는 중요한 요인이라 할 수 있다.

심리검사를 통해 얻은 자신에 대한 정보를 종합하여 정리하고, 그러한 특징과 연결되는 다양한 경험을 쌓는 동시에 독서를 통해 내면을 단련해 나간다면 어느덧 자아성찰 능력이 일취월장한 자신을 보게 될 것이다.

자신의 분야에서 성공한 사람들이 공통적으로 높았던 강점지능이 '자아성찰지능'이었던 것을 기억하는지? 자아성찰 능력이 뛰어난 사람들은 인생을 주도한다. 스스로 방향을 잡고 결정을 내릴 수 있기 때문이다. 자신이 진정으로 원하는 것을 분별해 낼 수 있기 때문이다.

필자가 이 책을 쓰는 주요 목적 중 하나는 '자아성찰 능력'을 길러주고 싶어서다. 남들이 다 간다고 아무 생각 없이 뒤따라 달리는 인생은 되지 않기를 바라기 때문이다. 공무원을 하든 자영업을 하든 대기업에 들어가든 아니면 또 다른 그 무엇을 하든 그것이 자신의 내면적 고민을 통해 스스로 찾은 주도적인 선택이 되기를 바란다.

자신에게 맞는 길을 찾은 사람은 행복하다. 자신의 일에서 의미를 찾고 몰입을 경험한다. 따라서 일을 시작하는 단계에서부터 두각을 나타내고 남다른 성과를 이루어낸다. 그렇게 되기 위해 가장 먼저 해야 할 일이 자신의 내면을 깊이, 충분히 들여다보는 것임을 꼭 기억하기 바란다.

> "참된 만족을 얻는 유일한 길은 위대하다고 믿고, 사랑하는 일을 하는
> 겁니다. 그걸 만나는 순간 가슴이 알 겁니다."
>
> -스티브 잡스

✔ 자신이 가는 길의 방향을 스스로 결정할 수 있을 만큼의
자아성찰능력을 가지고 있는가?

必取於人(필취어인)
반드시 사람을 통해서 정보를 얻어내라.

- 손자병법 13편 <용간> 중에서

나를 알고 남과 기업까지 알면
백전백승

1.
기업의 인재 채용에는
원리가 있다!

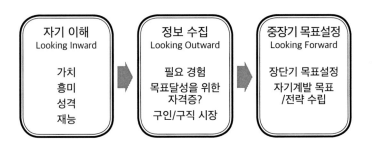

위의 표를 보고 앞에서 다루었던 합리적인 진로선택의 3단계를 떠올려보자. Step2에서는 가치, 흥미, 성격, 재능 등을 하나하나 살펴보면서 자기이해의 중요성을 이야기했다. 자신이 누구인지를 잘 알게 되면 그 다음으로 이어져야 하는 것은 그에 상응하는 직업을 찾고 그에 대한 정보를 수집하는 것이다. 즉 '정보 수집'의 단계로 나아가야 한다. 아무리 자신에 대한 이해가 잘 되어 있다 할지라도 직업에 대한 정보가 부족하면 적절한 선택을 할 수 없다.

따라서 Step3에서는 효과적인 정보 수집에 대해 살펴보고자 한다. 모든 직업의 정보 수집 과정을 다 다룰 수는 없기 때문에 여기서는 기업 채용을 중심으로 정보 수집 과정을 설명하고자 한다.

기업이 인재를 선발하는 기준 – 역량

효과적인 정보 수집을 위해서는 먼저 기업의 채용원리를 알아야한다. 기업이 무엇을 기준으로 인재를 선발하는지 알게 되면 어떤 정보들을 어떻게 수집해야 할지 좀 더 감이 올 것이다.

일반적으로 기업의 채용 기준으로 사용되는 개념은 '역량'이다. 역량이란 간단하게 말하면 '해당 업무에서 성과를 낼 수 있는 능력'이라고 할 수 있다. 예전에는 많은 기업들이 공부를 잘하면 일도 잘할 것이라고 생각해서 학력을 위주로만 인력을 선발했다. 하지만 꼭 그렇지만은 않다는 것을 오랜 경험을 통해 알게 됐다. 예를 들어 공부를 잘한다고 무조건 리더십이 좋은 것은 아니며, 좋은 대학을 나왔다고 반드시 창의성이 좋다고 볼 순 없을 것이다. 따라서 지금은 해당 직무에서 성과를 낼 수 있는 역량이 있는가를 보려 한다. 영업파트에 적절한 사람을 뽑는다면 '영업에 적합한 역량'이 있는지를 확인하려 하는 것이다.

역량을 조금 더 어려운 말로 하면, '성과를 내기 위한 구체적인 행동양식으로 성과 수행에 핵심적인 지식, 스킬, 능력, 태도'라고 할 수 있다. 기업은 이러한 역량을 기준으로 인재를 가려내려 한다. 직무와 무관한 불필요한 스펙 대신, 기업의 산업 및 직무와 관련성이 높은 역량을 기준으로 인재를 선발하는 것이 현재 기업들의 채용경향이다.

역량은 어떻게 만들어졌을까?

성별, 나이, 전공, 학점 등 여러 조건에서 동일한 두 그룹이 있다고 하자. 그들에게 동일한 시간을 주고 동일한 과제를 하도록 한다면 어떤 결과가 나올까? 아무리 비슷한 조건을 가졌다 해도 모두 다른 결과가 나올 것이다. 어떤 일이든 누가 그 일을 하는가에 따라 퀄리티가 달라지기 때문이다. 축구로 말하면 동일한 선수를 데리고도 감독이 누구냐에 따라 성적이 달라질 수 있고, 강사로 말하면 동일한 강의 내용을 가지고도 전혀 다른 피드백을 받을 수 있다.

이렇듯 어떤 직무나 역할에서든 남다르게 우수한 성과를 내는 사람들이 존재한다. 또한 이들의 행동방식은 보통의 성과를 내는 사람들과 다르다. 만약 그렇다면 우수한 성과를 낳는 요인을 발견하는 최선의 방법은 '우수 성과자의 행동을 연구하는 것'이 될 수 있지 않을까?

실제로 역량은 그런 전제에서 만들어졌다. 어느 조직이든 '스타 플레이어'가 있기 마련이다. 예를 들어 똑같이 자동차 영업을 해도 월등한 성과를 내는 사람이 분명히 있다. 역량이란 그런 사람들의 행동을 자세히 관찰하고 기록해서 그들의 행동특성을 정리한 것이다. 따라서 역량을 '고성과자(High performer)의 행동특성'이라고도 한다. 역량이 이렇게 만들어졌다는 것을 아는 것은 매우 중요하다. 기업이 뽑고자 하는 인재상에 대한 올바른 이해를 주기 때문이다. 다시 말하면 기업은 "당신이 잘하는 것은 무엇입니까?"라고 묻고 있는 것이 아니라, "당신은 고성과자의 행동특성을 가지고 있습니까?"라고 묻고 있는 것이다. 많은 학생들이 이 부분을 알지 못해 자기소개서에 기업에서 원하는 역량 기준과는 상관없는 장점들을 기재한다.

역량은 측정 가능한 행동지표들을 가지고 있다

  기업이 사용하는 역량은 각 역량별로 측정 가능한 행동지표들을 가지고 있다. 해당 역량의 정의와 그에 해당하는 행동지표를 정리한 한 예를 살펴보자.

역량명_설득력(Persuasiveness)

· **정의**
   자신의 입장과 견해를 논리적이고 설득력 있는 방식으로 제시하여 타인들로부터 필요한 지지와 지원을 끌어낼 수 있다. 효과적인 지지를 얻어내는데 필요한 정보와 데이터를 효율적으로 이용할 수 있다.

· **행동지표:**
  - 자신의 생각과 아이디어를 설득력 있게 제시한다.
  - 어려운 상황에서도 협상을 이끌어낸다.
  - 자신의 생각을 논리적으로 표현한다.
  - 다른 사람들의 승인을 얻어내기 위해 그 결과로 그들이 얻는 혜택을 알려준다.
  - 효과적인 지지를 얻기 위한 정보 혹은 데이터를 사용한다.
  - 최신의 정보를 제공하여 지지를 이끌어낸다.

  점점 더 많은 회사들이 자사에 필요한 역량 모델을 만들고 '역량 면접'을 실시하고 있는 추세다. 따라서 지원하고자 하는 회사에서 필요한 채용기준(역량)을 파악하고 그에 맞게 준비하지 않으면 의도하지 않게 엉뚱한 대답을 하게 된다.

  어느 회사에서 위와 같은 기준으로 설득력을 갖춘 사람을 뽑고자 했다. 그런데 한 지원자가 자신이 설득력이 뛰어남을 주장하며 자기소개서에 다음과 같이 썼다.

  "저는 인간친화력이 좋고 사람들이 제 말에 동조하도록 만드는 매력이 있습니다."

  이 지원자는 회사가 요구하는 역량 기준을 알지 못했기 때문에 설득력이 아닌 '인간친화력'에 관한 사례들을 주욱 나열했다. 결과는 물론 탈락이었다. 많은 지원자들이 이와 같은 오류를 범한다. 해당 역량의 정의와 행동지표 등을 알지 못한 상태에서 자기소개서를 쓰고 면접을 준비한다. 팀워크에 대한 자신의 역량을 표현한 것인데 읽어보면 대인관계에 대한 내용을 적어 놓는 식이다. 팀워크와 관련된 역량이 어떤 행동특성들을 요구하는지를 잘 모르니 단순히 사람들과 잘 지내는 자신의 특성을 적어 놓은 것이다.

기업들이 역량을 보고 인재를 선발하려는 주요 이유는 역량이 쉽게 개발되는 것이 아니기 때문이다. 지식이나 기술은 가르치면 된다. 하지만 역량은 그렇지 않다. 창의성이 없는 사람이 단기간에 창의성을 가질 수 있는가? 리더십이 없던 사람이 몇 번의 교육으로 카리스마 넘치는 리더십을 발휘할 수 있는가? 매우 어려운 일이다. 역량이 개발되는 데는 적지 않은 시간이 걸린다. 따라서 뽑을 때부터 채용기준(역량)을 분명히 하고 그런 역량이 있는 사람을 뽑으려는 것이다.

여기서 다시 한 번 자기이해의 중요성을 상기하게 된다. 자신의 특성(가치, 흥미, 성격, 재능)과 상관없는 분야를 선택하게 되면 요구되는 역량을 개발시키는 것이 훨씬 더 어려울 것이기 때문이다. 역량에 대해 잘 알아야 자신의 개인적 강점과 역량을 보다 구체적으로 매칭할 수 있다. 또한 체계적인 역량 개발 계획을 세울 수 있다. 필요한 경험, 지식, 기술 등을 집중적으로 개발할 수 있다.

기업마다 원하는 역량이 다르다

또 한 가지 중요한 사실은 기업마다 원하는 인재상이 다르다는 것이다. 기업마다 문화와 환경이 다르고 히스토리도 다르기 때문이다. 어떤 회사에서 재무능력이 우수한 사람을 중요한 인재상으로 생각하고 인력을 선발했다고 하자. 그런데 그렇게 뽑힌 사람이 재무능력은 우수하나 직원들과 잘 싸우는 사람이었고 결국 관계 문제로 퇴사했다. 그래서 다음 번엔 재무능력뿐 아니라 대인관계 능력을 겸비한 사람을 찾게 됐다. 그런데 재무능력도 뛰어나고 관계도 좋은 그 사람이 비리를 저질러 회사를 곤란에 빠트리고 말았다. 그래서 재무능력과 대인관계 능력에 정직한 성품이라는 항목이 추가되어 새로운 역량으로 제시되었다.

이렇듯 역량은 기업의 상황과 여건에 따라 계속해서 진화할 수 있기 때문에 지원하고자 하는 기업의 인재상이 무엇인지 알아야 한다.

자기소개서에서 학생들이 가장 많이 쓰는 표현 중에 하나는 '저는 리더십이 있습니다'이다. 그래서 그 리더십이 뭐냐고 물어보면 80% 정도가 막연히 '잘 이끄는 것'이라고 대답한다. 그러나 리더십에 대한 기준 역시 회사마다 다르다. 카리스마가 뛰어난 것을 리더십이라고 볼 수도 있고, 감성이 풍부하고 감성을 활용할 줄 아는 감성 리더십을 리더십으로 볼 수도 있다. 또는 섬기는 리더십이라 불리는 '서번트 리더십'이 회사의 리더십 역량일 수도 있다. 회사에서 요구하는 역량에 대한 정의들을 잘 알고 있어야 그에 맞게 자신의 장점을 표현할 수 있고 취업의 가능성을 높일 수 있다.

공통역량 & 직무역량

기업에서 검증하고자 하는 지원자들의 역량은 크게 두 가지로 나뉜다. '공통역량'과 '직무역량'이다. 먼저 공통역량이란 어떤 직무를 지원하든 상관없이 모든 지원자에게 요구되는 역량이다. 열정, 적극적 태도, 창의성, 도전정신, 커뮤니케이션, 문제해결 능력 등이 대표적 예이다. 신입사원을 뽑는 경우에는 공통역량을 중점적으로 본다. 현재 많은 기업에서 중요시하는 공통역량은 '창의성'이다. 빠르게 변화하는 상황과 고객의 요구에 대응하기 위해 이전과는 다른 새로운 시도와 방법으로 변화를 주도해 가야 하기 때문이다.

직무역량은 각각의 직무에서 요구되는 역량을 의미한다. 기업은 직무라는 기본 단위로 운영되는 조직이다. 보통은 인사, 회계, 영업, 마케팅, 홍보, 전산, 생산관리 등으로 구분된다. 이 안에서 또 세부적으로 직무가 나눠진다. 기업에 들어가면 누구나 이 중에서 한 가지 직무를 맡게 된다. 다음은 직무의 종류와 하는 일을 간단히 정리한 표이다.

홍보기획	기업 이미지 제고를 위한 홍보매체 선정 및 홍보 전략 수립 업무를 담당한다.
사업부 총괄	영업 전략 수립 및 영업활동 지원을 담당한다.
생산관리	생산계획에 따른 매출 계획 및 분석을 담당한다.
물류관리	제품의 보관 및 배송 과정에서 발생되는 일련의 과정을 통제/관리하는 업무를 말한다.
경영기획/전략	경영 환경 정보 분석을 통한 중장기 전략 방향 설정 및 사업 포트폴리오 수립과 신규 사업 기획 업무를 수행한다.

인사기획	인사정책의 방향과 전략을 기획하며 직무분석을 통한 각 부서별 인력을 산정하고 적정 인력의 배치, 평가, 승격을 담당한다.
급여관리	급여체계를 설계하고 급여 프로그램 데이터 관리를 통한 급여 지급을 담당한다.
인재개발	인재를 채용하고 인재육성 교육체계를 수립해 실행한다.
재무/회계	전표처리 및 재무제표 등의 결산자료를 작성하며 전사적 자원관리 시스템(ERP) 관리 및 개선업무를 담당한다.
총무	회사의 사무공간과 각종 물품의 공급 및 관리를 총괄한다.
법무	회사 경영상 대외기관과 발생하는 법률과 행정 업무를 처리한다.
영업	고객, 상권, 판매, 경영을 전반적으로 관리한다.
마케팅 전략	브랜딩 전략 수립 및 고객 커뮤니케이션 콘셉트를 도출한다.
마케팅 기획	영업 현황 및 판매지표를 관리하고 시장 환경 분석을 통해 마케팅 전략을 수립한다.
상품기획	콘셉트 도출을 통한 상품 전약 수립 및 상품기획 프로세스를 전파한다.
고객 서비스	고객 접점 서비스를 제공하고, 고객 만족 경영을 위해 고객 자료 수집 및 서비스 전략을 세워 실행한다.

<출처 : 회사는 미래의 당신을 뽑는다 (이은영 지음)>

직무역량에서 핵심은 '직무에 따라 요구되는 역량이 다르다'는 것이다. 따라서 직무에 대한 이해가 필요하고 그 다음에는 그 직무에서 요구하는 역량에 대해 자세히 알아보고 정리하는 것이 필요하다. 물론 회사는 신입사원에게 완벽한 직무 역량을 요구하지는 않는다. 가능성을 본다. 직무를 수행하기 위한 역량이 10가지라면 그 중 두 가지만 잘 갖추고 있어도 채용 확률이 높아진다. 면접 시에도 직무와 관련된 어려운 질문보다는 핵심적으로 알아야 할 개

념 등을 묻는다. 따라서 취업 준비를 위해서는 지원분야와 관련된 기초 개념들을 공부해 두는 것이 좋다. 기초적인 개념들만 잘 숙지하고 있어도 면접에서 큰 도움이 된다.

역량을 표현하는 방법

채용의 기준이 되는 '역량의 정의'를 알았다면, 다음으로는 그것을 '어떻게 측정하는가?'를 알아야 한다. 즉 회사가 역량을 어떤 식으로 확인하는지를 알아야 한다.

회사는 일차적으로 이력서와 자기소개서를 본다. 그리고 서류전형에 통과한 사람들은 면접을 보게 된다. 지원자들은 서류전형과 면접이라는 제한된 조건 안에서 자신의 역량을 효과적으로 표현해야 한다.

예를 들어 당신이 리더십이 있다는 것을 어떤 식으로 표현할 수 있을까? 대부분의 학생들은 자신이 맡았던 직책을 언급한다. 단골손님으로 등장하는 직책은 '동아리 회장' 또는 '총무'다. 자신이 그런 직책을 맡았던 경험을 리더십의 근거로 든다. 그러나 직책을 맡았다는 것이 리더십이 있다는 근거가 될 수 있을까? 한 번 생각해보자. 동아리 회장이라고 다 리더십이 있는가? 대학 총장을 맡고 있다고 무조건 리더십이 있다고 할 수 있는가? 직책 자체는 리더십의 근거가 될 수 없다. 직책만 맡았을 뿐 무능한 리더들도 많기 때문이다. 리더십을 발휘한 경험적 사례가 뒷받침되어야 한다. 이것은 다른 어떤 장점을 표현할 때도 마찬가지다. 자신이 '성실'하다고 말하고 싶다면, 그것을 뒷받침하는 구체적 사례를 들어야 한다.

기업은 그 사람이 해당 업무에 역량이 있는지를 알기 위해 경험적 사례를 확인하려 한다. 결국 직무와 관련된 성공 스토리가 승부를 가른다는 뜻이다. 이를 논리적으로 확인하기 위해 가장 많이 쓰이는 방법이 〈STAR기법〉이다. 따라서 자기소개서를 쓰거나 면접을 볼 때 STAR기법에 맞게 자신의 역량을 표현할 수 있어야 한다.

STAR기법이란?

STAR는 각 항목의 앞 글자를 딴 것이다. 세부항목은 다음과 같다.

S(Situation): 당시 상황, 배경, 문제(언제, 어디서, 왜)

T(Task): 담당 업무

A(Action): 내가 취한 행동('무엇을 했는가' 구체적, 사실적으로)

R(Result): 얻은 결과('무엇을 얻었나' 구체적, 측정 가능한 수치, 성과)

경험을 말할 때 '어떤 상황에서 어떤 어려움이 있었는데'(S) - '나는 어떤 업무를 맡고 있었고'(T) - '~한 관점과 판단으로 ~한 행동을 취했다'(A) - '그 결과 무엇을 얻었다'(R)의 순서로 표현하는 것이다. 다음 표의 예를 보면 이해가 쉽다.

Situation (상황)	J신문사 주최 3인 1팀 전국 대학생 영어 프레젠테이션 대회 참가 팀원들은 서로 잘 모르고 성향도 너무 달랐음 게다가 자유주제여서 주제 선정부터 막막하고 어려웠음
Task (담당 업무)	나의 업무는 팀 리더였음
Action (행동)	우선 서로의 공통점을 찾음. 모두 어학연수 경험이 있다는 것을 바탕으로 '한국 대학생의 효과적인 어학연수 방법'을 발표주제로 정함 팀원들의 특성을 파악하고 각각의 강점분야로 역할을 분담, 발표 연습을 동영상으로 촬영하며 문제점을 수정함 실전에서는 300명 이상 앞에서 발표해야 했기 때문에 대형 강의 교수님께 양해를 구하고 수업 말미에 리허설을 함
Result (결과)	최우수상과 상금 300만원을 획득함 시너지 효과를 경험 팀워크를 위한 양보와 배려, 책임감의 필요성을 알게 됨 함께 하는 다른 팀원에게 감사한 마음도 알게 됨

여기서 가장 중요한 것은 Action이다. 문제를 만났을 때 본인이 어떻게 문제를 해결했는지가 드러나기 때문이다. Action을 통해 문제해결능력이 드러나며, 해당 분야에 필요한 역량이 검증된다. Action은 고민의 과정, 구체적인 행동, 시간 등 최대한 구체적으로 작성해야 설득력이 있다. 이때 주의할 사항은 상황(S)을 설명할 때 어려움이나 장애요소 역시 분명히 드러나야 한다는 것이다. 문제가 분명하게 드러날수록 그에 대해 자신이 어떤 차별된 행동을 했는지가 명확하게 표현될 수 있기 때문이다. 결과(R)를 기록할 때는 수치화해서 측정 가능토록 적어야 한다. 자신의 차별된 행동이 어떤 성과로 연결됐는지가 분명히 보여질 때 설득력을 높일 수 있다.

역량면접 역시 STAR 구조로 질문이 던져진다. 면접관들은 어떤 상황에서 어떤 고민의 과정을 거쳐 문제를 해결했는지 그 결과는 무엇이었는지를 파악하는 질문을 던진다. 미래의 행동을 예측하기 위한 가장 좋은 방법이 과거행동을 통해 그 사람의 습관과 패턴을 보는 것이기 때문이다. 이러한 면접을 통과하기 위해서는 다양한 사례들을 STAR기법으로 정리해 두어야 한다.

군이 거창한 사례를 만들 필요는 없다. 소소한 경험이라도 해당 역량이 드러날 수 있도록 정리해 두면 된다. 면접관이 확인하는 것은 엄청난 성공 사례가 아니라 경험 속에 담긴 당신의 역량이기 때문이다.

채용기준을 바탕으로 정보를 수집하라

기업에서 인재를 선발하는 기준이 좀 더 이해가 되는가? 대부분의 학생들이 기업의 채용원리를 잘 모르기 때문에 단순히 '어느 회사를 갈 것인지'를 먼저 정하려 한다. 그리고 그 회사를 들어가기 위해서 높은 학점과 영어점수가 있으면 유리할 것이라고 막연하게 생각한다.

하지만 지금까지 살펴보았듯이 기업은 직무를 중심으로 사람을 채용한다. 지원자가 해당 직무에 적합한 역량이 있는지를 중점적으로 본다. 인사 담당자 입장에서는 학점 3.3과 3.5가 별 차이가 없고, 토익 800점과 850점이 큰 차이가 없다. 최종 당락을 결정하는 핵심요인은 아니라는 뜻이다.

결국 승부가 나는 것은 지원하는 직무에 적합한 내용이 담긴 자기소개서이다. 자기소개서에 직무에 적합한 경험, 성과들이 적절히 표현되어 있다면 서류전형에서 통과할 가능성이 높다. 서류전형이 통과된 이후에는 면접을 보게 되는데 면접에서부터는 스펙은 거의 영향을 미치지 못한다. 면접 때부터는 조직과 직무에 적합한 역량이 누가 더 뛰어난지를 기준으로 최종 합격이 결정된다.

다음은 IT회사의 실제 면접 장면이다.

"한 지원자는 어학연수를 다녀오고 토익 900점, 학점 3.8이었다. 취득하기 어렵지 않은 IT자격증 2개를 가지고 있었고, 자기소개서에 수업시간에 했던 프로젝트 경험을 소개했다. 다른 지원자는 토익 750점, 학점 3.3점이었는데, 학교 생활 중간중간에 실천 프로젝트 경험도 쌓았고 구글스토어에 앱을 3개나 올렸다고 했다. 결과는 어땠을까? 모든 질문은 구글스토어에 앱을 3개 올린 지원자에게 집중되었다." (출처 : 기적의 직무코칭, 이윤석 지음)

많은 학생들이 취업 실패의 원인을 스펙에서 찾는다. 그래서 토익 점수를 높이고 자격증 개수를 늘리는 데 집중한다. 물론 기본적인 스펙은 필요하다. 당신이 지원분야에서 압도할 만한 성과 경험을 가지고 있는 것이 아니라면 기업이 요구하는 최소한의 학점은 맞아야 서류전형에서 합격할 수 있다. 또한 일정 비율은 출신학교를 보고 뽑는 관습이 아직도 남아 있는 것도 사실이다. 하시만 해당 직무역량에 적합한 인재를 뽑으려는 것이 가장 핵심적인 채용 기준이라는 것이 더욱 중요한 사실이다. 이것은 취업에서 가장 중요한 전제이다. 이 전제에 기초할 때 적절한 정보들을 수집하고 그에 맞는 취업 전략을 세울 수 있다.

정보 수집의 원칙

지금부터는 정보 수집의 올바른 순서에 따라 어떤 정보를 어떻게 수집해야 하는지를 차근차근 정리해 주려 한다. 그 전에 정보 수집의 원칙에 대해 분명히 하자. 취업의 과정에서 정보 수집의 기본 원칙은 '직접 찾아보라'이다. 그 과정에서 정보를 활용할 수 있는 안목이 생기기 때문이다. 남이 정리해 놓은 자료를 보는 것만으로는 그런 안목이 형성되지 않는다. 따라서 정보 수집 역시 자기이해의 과정에서처럼 스스로 정리하는 과정이 필수적이다. 여기서는 스스로 정보를 찾아볼 수 있도록 팁 정도를 제공해 줄 것이다.

정보 수집의 올바른 순서 - 첫 시작은 '직무(job)'

정보 수집의 시작은 '직무'다. 계속 강조해 왔듯이 기업의 채용시스템은 직무 중심으로 되어 있다. 따라서 가장 먼저 찾아봐야 하는 것은 직무에 관한 정보다. 보통은 회사를 먼저 생각하는데 직무에 대한 이해가 부족하면 어느 회사든 들어가기가 어렵다. 특히 스펙에만 신경 쓰고 직무이해가 전무하다면 결과는 보나 마나다.

무엇보다 직무를 알아야 자신에게 가장 잘 맞는 일이 무엇인지 확인할 수 있다. 앞에서 자기이해는 실컷 해놓고 자신의 특성과 전혀 맞지 않는 곳에서 일할 순 없지 않은가.

학생들을 상담해 보면 막연히 교육에 관심 있어서 인사 업무를 하고 싶다거나 단순히 창의성이 어느 정도 있다는 이유만으로 마케팅 부서에서 일하고 싶다고 말하는 경우가 많았다. 직무에 대한 자세한 이해가 없는 것이다. 직무를 잘 모르면 취업의 구체적인 방향을 잡을 수 없다. 그러니 무엇을 준비해야 하는지도 모를 수밖에 없는 것이다. 직무이해는 그만큼 중요하다.

정보 수집은 1~2학년 때부터!

4학년이 되어서야 직무에 관한 정보를 수집하는 학생들이 많다. 하지만 4학년 때 직무를 살펴보는 건 너무 늦다. 관련 지식이야 벼락치기로 어느 정도 만회한다 하더라도 관련 경험이 턱없이 부족할 것이기 때문이다. 컴퓨터 활용능력 같은 자격증을 반드시 필요로 하는 공기업이 아니라면, 취득이 어렵지 않은 자격증은 취업에 큰 도움이 되지 않는다. 경험이 중요하다.

직무 선택이 빨랐던 지원자들은 학창시절 동안 직무와 관련된 활동을 찾고 경험하는 데 적절한 시간을 투자한다. 거창한 활동이 아니더라도 작은 경험이 계속 쌓이게 되면, 나름대로의 스토리가 생긴다. 반면 스펙만 준비하던 학생들은 경험이 없다 보니 남들과 비슷한 이야기로 자기소개서를 채울 수밖에 없다. 차별성이 없는 것이다. 이것은 면접 때 커다란 차이를 만든다. 스토리가 있는 지원자들의 답변이 훨씬 더 구체적이기 때문이다.

대학 1~2학년 때부터 다양한 경험을 통해 자신에 대한 이해를 넓혀가라. 그러면서 자신에게 맞는 일이 무엇인지 관련 정보들을 수집해서 방향을 잡는 것이 좋다. 2학년 말쯤에 자신이 하고 싶은 일이나 직무를 정할 수 있다면 남은 2년 동안은 구체적 계획을 세우고 충분한 준비를 할 수 있다.

정보 수집은 어떻게?

직무 정보를 수집하기 위한 몇 가지 방법들을 소개한다.

① 기업조직의 이해

기업은 '부가가치'를 창출해서 그 가치로 돈을 벌어들이는 것을 목적으로 하는 조직이다. 여기서 부가가치란 말 그대로 '더해진 가치'다. 1,000원에 산 것을 2,000원에 되판다면 1,000원의 부가가치가 생긴 것이다. 이러한 부가가치를 창출하기 위해 조직에서 필요로 하는 기능들이 있다. 그 기능 내에서 여러 가지 직무들이 나뉘어진다. 따라서 기능을 중심으로 기업 조직의 큰 그림을 살펴보면 직무를 이해하는 데 큰 도움이 된다.

회사가 돈을 벌려면 부가가치를 창출할 수 있는 상품이 있어야 한다. 따라서 상품을 개발하는 부서가 필요할 것이다. '기술연구,

개발, 디자인'이 이에 해당한다. 상품이 개발되면 상품을 생산할 설비가 갖춰져야 하고 회사를 운영하기 위한 돈과 사람이 필요하다. 사람을 뽑고 교육하는 '인적자원 관리 및 개발', 돈을 관리하기 위한 '재무' 등이 이에 해당한다. 또한 이 모든 것이 목적에 맞게 적절하게 운영되려면 전략을 세우고 운영하는 '기획'이 필요할 것이다. 이런 기반 위에서 상품이 공장에서 잘 '생산'되어야 하고, 생산된 것은 적절한 유통경로로 '배송'되어 '물류'에서 팔 준비를 한다. 그리고 자신들의 브랜드 전략에 맞게 '마케팅, 영업'을 통해 판매된다. 판매된 다음에는 고객센터 등을 통해 '서비스'관리를 하게 된다. 산업 특성이나 조직의 규모에 따라 약간씩 차이는 있지만 대체로 기업은 이와 같은 원리로 운영된다.

경영전략의 대가 마이클 포터가 제안한 '가치사슬 모형'을 인터넷에서 찾아보라. 위의 설명은 그 모형의 일부분을 요약한 것이다. 기업조직을 이해하고 있으면 나중에 면접을 볼 때도 큰 도움이 된다.

② 인터넷 활용

직무에 대한 정보가 체계적으로 정리되어 있는 대표적 사이트를 몇 개 추천하겠다.

✔ 워크넷 한국직업정보시스템(http://www.work.go.kr)

워크넷의 장점은 직무에 필요한 학과, 능력, 가치관 등에 대한 정보들을 제공하고 있어서 자신의 정보와 연결하기가 좋다는 것이다. 다만 직무가 너무 세분화되어 있기 때문에 찾고자 하는 직무 분야를 어느 정도 정하고 나서 검색하는 것이 효과적이다.

✔ 한국고용정보원 직업 동영상(http://www.jobvideo.or.kr/)
각 분야의 전문가들의 인터뷰 영상을 무료로 제공하는 사이트 다. 어떤 일에 어떤 능력이 필요한지 대략적인 이해를 하는 데 도움이 된다.

✔ 기업 홈페이지
CJ그룹 Job Preview(http://recruit.cj.net)
두산 그룹(https://www.career.doosan.com/)
SK그룹(http://www.skcareers.com/)
신세계(http://job.shinsegae.com/) 등

이 밖에도 구글 같은 검색 사이트에 들어가서 직무명과 직무기술을 검색어로 입력하고 찾아보는 방법도 있다.

③ 사람을 통한 정보 수집
가장 좋은 정보 수집 통로는 '사람'이다. 현직에서 종사하는 사람들의 정보는 직무이해에 가장 큰 도움이 된다. 이를 위해서는 어느 회사든 인턴으로 일을 해 보는 것이 가장 좋다. 자신이 선택한 직무 분야가 아니라도 상관없다. 인턴을 하게 되면 다른 직무에 대해서도 들을 수 있는 기회가 생긴다.

현업 종사자에게 듣는 정보는 직무이해 수준을 넘어선다. 회사에서 원하는 인재상, 요구되는 직무역량까지 실제적인 정보들을 얻을 수 있다. 인턴 경험을 하고 난 이후 취업전략을 대폭 수정하는 학생들을 많이 봤는데 인턴 경험을 통해 취업에 대한 시야가 넓어졌기 때문이다.

정보를 얻기 위해 중요한 건 적극적 태도다. 인턴 경험을 하는 모든 학생이 좋은 정보를 얻는 것은 아니기 때문이다. 이력서에 스펙한 줄을 더 넣을 생각으로 별 생각 없이 인턴을 한다면 좋은 정보를 얻을 수 없다. 적절한 질문을 하기 위해서는 직무에 대한 사전 학습 또한 필요하다.

이 밖에도 학과 또는 학교 선배 중에 원하는 직무에서 일하고 있는 사람에게 연락을 해보는 것, 인터넷 직무 동호회에 가입해서 활동하는 방법 등이 있다. 중요한 것은 사람을 통해 정보를 얻는 것이 가장 실제적인 정보라는 것이다. 사람을 통한 정보 수집은 매우 중요하기 때문에 다음 장에서 좀 더 자세히 다룰 것이다.

수집된 정보는 어떻게 분류해야 할까?

정보는 목적에 따라 체계적으로 정리됐을 때 의미가 있다. 직무에 관한 정보들은 취업전략에 사용될 수 있도록 분류가 되어야 한다. 가장 먼저 직무명, 직무개요, 주요업무 내용 등을 정리한다. 다음으로 자격요건을 확인한다. 요구되는 지식, 기술, 역량 등을 정리한다. 해당 분야의 추천도서, 향후 성장 경로, 보상수준 등을 파악하는 것도 필요하다.

직무 다음에는 '산업(industry)' 그 다음이 '회사(company)'

직무를 정했다면 다음으로 그 일을 어떤 분야에서 할지 정해야한다. 같은 직무라도 산업에 따라 하는 일이 차이가 있기 때문이다. 또한 산업 역시 자신의 관심 분야에서 선택하는 것이 좋다. 관심이 있을 때 몰입도가 높아지는 원리는 이때도 적용된다. 산업이정해지면, 마지막 세 번째로 결정하는 것이 회사다. 선택한 산업내에서 어느 회사에 지원할 것인지를 가장 마지막에 정한다. 회사마다 인재상이 다르기 때문에 그에 따라 추가적으로 갖춰야 할 역량이 있다. 따라서 그런 정보들을 잘 분석해 두는 것이 좋다. 회사의 핵심가치, 문화 등도 알아둔다.

면접을 준비하기 위해서는 산업과 회사 분석을 함께 해야 한다.회사가 속한 산업의 시장을 정의하고 산업의 특징을 분석한다. 예를 들어 해당 산업에서 기업들이 돈을 버는 방식(수익모델)을 분석하고 외부환경 중 어떤 요소에 민감하게 반응하는지 등을 확인해야한다. 이때 지원하고자 하는 회사를 중심으로 경쟁관계를 분석하고 경쟁사들의 전략과 비교분석한다. 그러다 보면 그 회사와 관련된 최근 이슈들도 쉽게 파악된다.

직무 → 산업 → 회사의 순서를 반드시 기억하라

지금까지 살펴본 대로 취업을 준비할 때 결정을 해야 하는 것은 직무, 산업, 회사 세 가지다. 이 요소들은 직무→산업→회사 순으로 결정될 때 의미가 있다.

그러나 일반적으로 구직자들의 정보 수집의 패턴을 보면 이와는 정반대로 간다. 예를 들어 취업포털 사이트에서 채용정보를 볼 때 가장 먼저 회사를 본다. 보통 잘 알려진 대기업을 선호하고, 연봉, 근무지역, 복지혜택 등의 조건을 먼저 확인한다. 그 다음에 회사가 속한 산업을 보고, 마지막으로 어떤 직무인지를 확인한다. 이렇게 목표를 설정하기 때문에 취업이 상대적으로 훨씬 더 어려워지는 것이다.

앞서 2014년 대졸 신입사원의 1년 내 조기 퇴사율이 25.2%에 달한다고 말했던 것을 기억하는가? 4명 중 1명이 어렵게 들어간 회사를 그만두는 것이다. 조기 퇴사 이유 중 가장 높았던 것이 '조직 및 직무 적응 실패'(43.8%)였다. 일단 들어가고 보자는 식의 선택은 위험하다. 직무를 모른 채로 무턱대고 지원한 대가는 생각보다 크다. 또한 일이 맞지 않는다고 그만둘 순 있지만 2년을 채우지 못하게 되면 또 다시 신입사원 채용에 응모해야 한다. 2년 미만은 경력을 인정받지 못하기 때문이다.

'학과' 보다는 '학교'를 먼저 보고 지원한 학생들의 대다수는 쉽지 않은 대학생활을 했다고 말한다. 전공이 맞지 않을수록 성과와 만족도가 낮았기 때문이다. 회사도 마찬가지다. 먼저 자신에게 맞는 직무를 찾아야 한다. 그리고 나서 산업과 회사를 결정해야 한다는 것을 기억하기 바란다.

가장 필요한 역량은 '진정성' & '자신감'

최종면접에서 떨어진 학생들의 이력서를 보면 스펙은 화려하지만 본인이 지원하는 직무에 대해 잘 모르는 경우가 많았다. 내가 들어가고 싶은 회사, 내가 하고 싶은 일이 무엇인지 또 그 일을 하기 위해 필요한 것은 무엇인지 목표설정이 잘 된 사람과 그렇지 않은 사람의 차이는 면접에서 보다 극명하게 드러난다. 면접관들은 알고 말하는 사람과 외워서 말하는 사람을 어렵지 않게 구분해 내기 때문이다.

당신 같으면 누구를 선택하겠는가? 사람은 진정성과 진솔함이 묻어나는 사람에게 끌리기 마련이다. 진정성은 노력만으로 만들어질 수 없다. 진정으로 원하는 일을 먼저 찾아야만 하는 이유다.

또 한 가지 취업 준비생들에게 부족한 것은 '자신감'이다. 자신감 역시 자신이 하려는 일과 목표에 대한 확신으로부터 나온다. 많은 학생들이 해 놓은 것이 없는데 어떻게 자신감이 생기냐고 반문한다. 그래서 합리적인 의사결정에 의한 구직활동이 중요한 것이다. 저학년 때부터(고학년이라도 지금부터) 자신이 누구이고 무엇을 원하는지를 분명히 하고 그것을 위해 정보를 찾고 준비하라. 이 과정을 충실히 겪어 온 사람들에게는 분명한 자신감이 묻어 나온다. 이런 사람들은 눈빛 자체가 다르다. 스펙이 조금 부족해도 면접에서 두각을 나타낸다.

이렇게 '진정성'과 '자신감'이 갖춰진 사람들은 면접에서만 두각을 나타내는 것이 아니다. 회사에 들어가서도 자신의 분야에서 지속적으로 성장하면서 빛을 발한다. 자신에 대한 정보와 직무정보를 매칭시키는 과정은 그래서 중요하다.

자신이 누구인지 이해하고 그에 맞는 직업 정보들을 찾아가는 데 충분한 시간을 할애하기 바란다. 그럴 때 스스로 자신의 미래를 아름답게 가꿔 갈 수 있다. 당신이 선택한 그 직업에서 '행복한 동행'을 만들어 갈 수 있다.

2.
보다 질 높은 정보를
얻기 위한 네트워킹

질 높은 정보 찾기

앞 장에서는 기업의 채용원리를 기반으로 정보를 수집하는 방법에 대해 살펴보았다. 이번 장에서는 '보다 질 높은 정보를 얻기 위해서는 어떻게 해야 하는가'를 다루려고 한다. 경쟁자들에 비해 양질의 정보를 가지고 있으면 훨씬 더 효과적으로 취업을 준비할 수 있다. 마치 시험 문제가 어디서 어떻게 출제되는지 제대로 알고 있을수록 더 효과적으로 시험준비를 할 수 있는 것과 같다. 정보 수집에서 앞서면 경쟁에서 앞서가게 된다. 아무리 똑똑한 인재라 할지라도 적절한 정보를 확보하지 못하면 경쟁에서 뒤처진다.

고급 정보는 사람으로부터 나온다

　정보 수집에는 다양한 채널이 존재한다. 가장 기본적인 것이 인터넷이다. 그러나 인터넷은 누구에게나 개방되어 있기 때문에 차별적인 정보를 얻는 수단으로는 많이 부족하다. 인터넷에 나온 회사의 인재상, 간략히 설명된 직무, 사업 분야 등은 누구나 찾을 수 있다. 또한 그러한 정보들은 매우 간략하게 요약되어 있어서 구체적인 정보를 확보하기에는 무리가 있다. 감을 잡고 방향을 잡는 정도의 정보채널이라고 보면 된다.

　이 외에도 해당 분야의 도서를 읽는 것, 신문기사 스크랩, 관련 문서 활용 등의 다양한 채널 등이 있지만 그런 정보들 역시 다른 경쟁자들이 찾을 수 있는 것들이다. 이런 정보들에만 의존하면 경쟁에서 앞서 가긴 어렵다.

　앞서 간단히 언급한 것처럼, 차별화된 최신 고급 정보는 '사람'으로부터 나온다. 회사 채용기준에 부합하는 인재상을 알고 싶다면 그 회사의 인사담당자에게 묻는 것이 가장 효과적이지 않겠는가. 이 말이 터무니없이 들리는 사람도 있을 것이다. "인사담당자에게 물어보라고? 만나주기나 하겠어?"라고 말하면서.

　그럼 다음의 사례를 살펴보자. 30살이라는 비교적 많은 나이에 긴장하면 말까지 더듬는 단점을 가진 공대생이 있었다. 우여곡절 끝에 서류전형에 통과했지만, 면접을 보기 위해서는 자신이 지원한 일에 대해 좀 더 알아야 할 것 같아 고민 끝에 인사담당자에게 면담을 신청했다. 그리고 솔직히 자신의 의도를 설명했다.

그 과정에서 생생한 정보들을 얻은 것은 물론이고 그의 열정이 인사담당자에게 전해졌다. 그리고 1차 면접을 통과했다. 이제 2차 면접이 기다리고 있었지만, 이미 1차 면접 때 사람을 통해 얻은 정보의 위력을 경험한 터라 2차 면접 전에 공사현장을 방문하여 사람들을 만나면서 현장 정보들을 수집했다.

결과는 어땠을까? 결국 자신의 불리한 단점들을 극복하고 최종 합격하게 됐다. 정보에서 앞서가지 못했다면 말까지 더듬는 단점을 가진 그 학생이 합격할 확률은 훨씬 더 낮았을 것이다. 그러나 현장 사람들을 통해 얻은 차별된 정보는 그만의 관점을 형성해 주었고 남과 다른 근거들을 제시하도록 해 주었다. 실제적인 정보를 바탕으로 '알고 말하는 사람'은 단순히 외워서 말하는 사람과는 확연한 차이가 난다.

다시 한 번 말하지만 취업의 과정에서 최고급 정보는 '사람'으로부터 나온다. 이 말은 다른 채널의 정보들이 쓸모없다는 뜻은 아니다. 인터넷, 도서 등을 통해 충분한 사전 지식을 갖춘 사람이 현업 종사자를 만났을 때 핵심적인 질문들을 던질 수 있고, 더 깊이 있는 정보들을 끌어낼 수 있다. 따라서 기본적인 정보지식을 갖추는 것도 간과해서는 안 된다. 하지만 가장 중요한 사실은 차별화된 고급 정보는 사람을 통해 나온다는 것이다.

인적 네트워크 구축

✔ 조직에서 능력 있다고 평가받는 사람은 어떤 사람일까?

다음의 공식을 살펴보자.

능력 = 평판 × 성과(개인 및 팀) × 네트워크

조직생활에서 능력이 있다는 것은 성과뿐 아니라 평판과 네트워크가 잘 구성되어 있다는 것이다. 즉 성과만 높고 인간관계가 좋지 않다면, 능력 있는 사람으로 인정받을 수 없다. 일은 잘하지만 팀워크를 깨뜨리고 문제를 일으키는 사람은 전체적인 성과를 떨어뜨린다. 위의 공식이 곱하기로 구성되어 있음을 주목하라. 한 가지가 0점이면 다른 항목 점수가 아무리 높다 해도 종합 점수 역시 0점이 된다. 성과는 높지만 평판이 0점인 사람은 능력 있는 사람으로 평가받지 못한다.

좋은 평판과 인적 네트워크를 구축하는 능력은 정보 수집에서 매우 중요한 요소이다. 사람을 통해 나오는 정보는 모두에게 동일하게 제공되지 않는다. 당신 같으면 아무에게나 자신의 노하우를 쉽게 가르쳐 주고 싶겠는가? 친한 친구라고 능력도 없고 평판도 좋지 않은 사람을 자신의 이름을 걸고 추천할 수 있겠는가? 아마 그렇지 않을 것이다. 사람을 통한 정보를 얻기 위해서는 좋은 평판과 건강한 인적 네트워크를 구축하는 것이 전제되어야 한다.

네트워킹(인맥)이란?

그렇다면 네트워킹이란 무엇을 의미하는지 좀 더 자세히 살펴보자. '인맥' 하면 어떤 이미지가 떠오르는가? 아마도 부정적 이미지가 먼저 떠오를 것이다. 실제로 한 통계자료에 따르면 57%가 학연, 파벌, 아부, 낙하산과 같은 부정적 이미지가 떠오른다고 대답했다. 능력, 인생보험, 상부상조와 같이 긍정적 이미지는 32%에 불과했고, 기타 의견이 11%였다.

필자가 말하는 인맥은 학력, 지연, 혈연 등으로 얽혀서 실력이나 성품과 상관없이 서로를 무조건적으로 밀어주는 것이 아니다. 그런 인맥은 우리 사회에서 없어져야 할 폐단이라고 생각한다. 여기서 말하는 인맥은 똑같은 관심과 열의를 가지고 있는 사람들과 사회적 친분을 유지하여 전문지식과 정보를 나누는 관계를 뜻한다. 즉 네트워킹은 '도움을 청하는 것'이 아니라 '정보를 얻는 것'을 의미한다. 따라서 취업에서 네트워킹이란 자신이 하려는 직무와 지원하고자 하는 회사에 대한 정보를 수집하기 위한 것이라 할 수 있다. 네트워킹은 신뢰가 쌓인 관계를 통해 정보를 제공받는 것이다.

이해를 돕기 위해 간단한 예를 하나 들어보겠다. 음식점에 대한 사전 지식 없이 음식점을 창업해야 할 상황이라고 하자. 주변에 수소문을 해 보니 지인 중에 한 명이 "우리 큰아버지께서 갈비집 하셔."라고 연락이 왔다. 평소 자신에 대해 좋게 생각하는 친구였다. 네트워킹은 이렇게 좋은 관계, 좋은 평판으로부터 시작된다. 만약 그 친구의 기억 속에 좋지 않은 사람으로 인식되어 있었다면 자신의 큰 아버지를 소개하려 하지는 않았을 것이다. 그 친구에게 소개를 받고 큰아버지를 찾아갔다. 큰아버지께서 이미 그 친구의 말을 듣고 매우 개방적인 태도로 맞아 주신다. 그래서 개인적인 노하우와 시행착오 경험까지 자세히 가르쳐 주셨다. 그리고 같은 업종에 종사하는 지인 분을 또 한 분 소개해 주셨다. 큰아버지의 추천으로 그분을 찾아가니 그분 역시 고급 정보를 스스럼없이 풀어 놓으신다.

자 좀 더 이해가 되는가? 네트워킹은 이처럼 좋은 관계를 기반으로 연결되는 것이다. 사람을 만나는 방법에는 두 가지가 있는데 하나는 모르는 사람을 그냥 찾아가는 것이고, 다른 하나는 추천이나 소개를 받고 찾아가는 것이다. 둘 중 어떤 것이 더 효과적이겠는가? 당연히 추천을 받고 찾아가는 것이다. 친구의 추천을 받아 찾아간 큰아버지에게는 친구에 대한 믿음만큼의 신뢰가 이미 깔려 있다. 그리고 큰아버지가 그런 면들을 직접 확인하고 좋은 인상을 갖게 되면 그 신뢰감을 바탕으로 또 다른 사람을 소개해 줄 수 있다. 이런 식으로 평판이 형성되고 네트워크가 확장되는 것이다.

좋은 평판은 커리어의 길을 열어준다

직무, 회사와 관련된 최신 정보를 얻는 것 이외에 건강한 네트워킹의 또 다른 장점은 커리어의 길을 열어준다는 것이다. 평판이 좋은 사람들은 '비공개된 채용정보'를 먼저 얻는 경우가 많다.

회사에서 사람이 그만두면 회사는 먼저 내부에서 자체적으로 해결하려 한다. 남아 있는 인원으로 일을 재분배한다거나 다른 부서에서 알아보는 식이다. 그 다음으로는 직원들에게 물어본다. 왜? 일을 해 본 직원들이 누가 그 일에 적합한지를 가장 잘 알기 때문이다. 그래도 사람을 찾을 수 없을 때 수시 채용으로 받아 두었던 이력서를 확인한다. 이때까지 사람을 뽑는 작업은 '비공개'로 진행된다. 이 시점에서 추천을 받을 수 있다면 경쟁은 확연히 줄어든다. 공개채용이 되는 즉시 경쟁률은 어마어마하게 배가될 것이기 때문이다.

　보통 비공개 정보가 공개된 정보가 되기까지는 수주에서 수개월이 걸린다. 만일 신뢰할 만한 사람으로부터 추천을 받거나 해당 분야에서 평판이 좋은 사람이 있다면 회사는 그 사람을 채용하려 할 것이다. 회사 입장에서는 '검증된' 사람을 뽑기 원하고 공개채용이되면 적지 않은 비용이 들어가기 때문이다. 당신이 좋은 평판을 얻고 있고 적절한 네트워크를 형성하고 있다면 예기치 못한 행운의 주인공이 될 수도 있는 것이다.

　대학교 4학년이 된 K군은 취업 준비가 전혀 되어 있지 않았다. 그동안 취업을 목표로 하지 않았기 때문이다. 하지만 가정 형편 상 취업을 해야 할 상황이었고 뒤늦게 취업을 결심했다.

　그래서 당시 학교 취업지원처에서 주관한 프로그램에 참여하게 됐다. 그러던 중에 프로그램을 총괄하는 회사 대표에게 외국계 기업으로부터 사람을 소개해 달라는 요청이 왔다. 대표는 강의를 진행하던 강사들에게 추천할 사람이 있는지를 물었다.

그런데 강의를 진행했던 모든 강사들이 K군을 추천했다. 이유는 그의 성실한 태도 때문이었다. 40시간의 짧은 프로그램 중에 그런 태도로 인한 평판이 형성된 것이다. 당시 K군은 영어점수도 없고 (기본적인 의사소통은 가능), 뚜렷한 방향도 정해져 있지 않은 상태였다.

그럼에도 불구하고 K군은 그렇게 추천을 받아 최종 면접에 합격했다. 그가 합격한 회사는 세계적인 의류기업 Z사였다. 면접에 통과하여 성실한 태도로 일관한 K군은 3개월의 수습기간을 3주 만에 마치고 매장에서 본사로 발령을 받게 된다. 그리고 빠르게 진급하여 현재 아시아 본사 중국 상하이에서 근무하고 있다.

아마도 K군은 40시간의 짧은 프로그램 기간 동안 형성된 평판이 건강한 네트워크를 구축하여 예기치 못한 행운으로 이어질 거라고는 생각하지 못했을 것이다. 이렇듯 좋은 평판은 커리어의 길을 열어준다.

네트워킹은 건강한 삶의 방식이다

네트워킹 강의를 하고 나면 종종 부담을 느끼는 학생들을 보곤 한다. 지금 맺고 있는 인간관계를 관리하는 것도 힘든데 어떻게 네트워크를 구축하고 관리하라는 건지 엄두가 안 난다는 것이다. 또 아주 가끔은 사람을 정보를 얻기 위한 수단으로 이용하는 것 아니냐며 반문하는 학생도 있다.

하지만 그것은 오해다. 사회생활은 관계로 이루어져 있기 때문에 네트워킹은 사회생활의 자연스런 연장선이라고 봐야 한다. 따라서 네트워킹 자체가 문제가 아니라 그것을 왜곡되게 인식하고 활용하려는 사람들이 문제라고 보는 것이 맞다. 아첨을 하고 파벌을 조장하고 로비를 하는 것은 필자가 말하는 네트워킹의 본질이 아니다.

다시 한 번 말하지만 네트워킹은 '도움을 청하는 것'이 아니라 '정보를 얻는 것'이다. 따라서 네트워킹의 핵심은 '사람을 소중히 여기는 마음'과 '진정성'이다. 혼자서만 열심히 해서는 성공할 수 없음을 인식하고 다른 사람의 도움과 필요를 인정하는 마음, 그리고 다른 사람 역시 잘 되기를 바라는 순수한 마음이 건강한 네트워크를 만든다. 단지 정보를 얻기 위해 계산적으로 접근하는 사람과 네트워크를 형성하고 싶은 사람은 없을 것이다.

또한 네트워킹은 무작정 관계를 넓히려는 것과는 상관이 없다. 자신과 가치가 맞고 관심사가 통하는 소수의 사람들과만 관계를 유지해도 무방하다. 즉 자신의 스타일에 맞게 범위와 방법을 선택하면 된다. 중요한 것은 그러한 관계를 통해 자신과 상대방이 성장하고 좋은 정보들이 교류되는 것을 경험해 보는 것이다. 그런 경험이 쌓여 갈수록 필요할 때 좀 더 모험적으로 관계를 확장하는 것도 가능해진다.

따라서 꼭 해 주고 싶은 말은 가만히 앉아서 분석만 하지 말고 한 번 실행해 보라는 것이다. 학생들에게 네트워킹 연습을 위한 과제를 주면 처음에는 무척 싫어한다. 하지만 아는 선배나 친구를 통해 소개를 받고 정보를 얻는 경험을 해 보면 태도가 급격하게 달라지는 것을 본다.

건강한 네트워킹은 결국 당신의 평소 말과 행동에서 시작된다. 사람들은 그것을 보고 당신을 평가하게 되고 그것이 평판을 만들 것이기 때문이다. 그리고 그것은 당신의 인간관계의 질을 결정한다. 네트워킹은 결국 건강한 삶의 방식이라고 할 수 있다.

네트워킹은 취업의 과정에서도 너무나 중요한 원리지만, 그 이후에도 지속적으로 필요한 능력이다. 당신이 어느 조직에 속하든 당신은 평판이라는 꼬리표를 달게 된다. 그리고 그 평판을 통해 조직생활의 질이 결정되며 승진과 같은 중요한 부분에도 영향을 미친다. 이직을 하게 될 때도 조직 내 부서 이동을 할 때도 당신의 평판과 네트워크의 수준이 결과를 좌우하게 될 것이다.

건강한 네트워킹을 일찍 경험하게 되면, 인간관계에 대한 건강한 관점과 습관이 형성된다. '나'보다는 '우리'라는 의식이 생기고, 어떤 사람을 대하든지 존중하고 배려하고자 하는 습관이 형성된다. 네트워킹을 그렇게 건강한 삶의 방식으로 이해하고 접근한다면 좀 더 자연스러운 실행이 가능해질 것이다.

효과적으로 네트워크를 구축하기 위한 Tips

자 그럼 지금부터 효과적인 네트워크를 구축하기 위해 고려해야 할 사항들을 정리해 보자. 네트워킹은 관계를 기반으로 '정보를 얻는 것'이다. 따라서 다음의 두 질문을 염두에 두고 이번 내용을 읽으면 더 이해가 쉬울 것이다.

✔ 자신만의 노하우와 정보를 흔쾌히 주고 싶은 사람은 어떤
사람인가?
✔ 자발적으로 누군가에게 추천해 주고 싶은 사람은 어떤 사
람인가?

사람으로부터 나오는 정보는 모두에게 동일하게 제공되지 않는
다는 것을 기억하자. 더 알려주고 싶고 추천하고 싶은 사람은 어떤
특성을 가지고 있는가에 초점을 두라. 그리고 자신이 그런 사람이
되려고 노력하라.

① 네트워킹은 실행력이다! 시도하라!

네트워킹은 실행에 옮겨질 때 비로소 효과를 발휘한다. 가만히
앉아서 네트워킹을 할 수는 없다. 먼저 자신의 관심 분야와 직무
등을 분명히 하라. 그리고 해당 분야에서 근무하는 학과 또는 학
교 선배에게 연락해 본다. 그 선배를 아는 친구가 있을 경우 친구
를 통해서 연락을 할 수도 있다.

아니면 동문회 주소록을 활용해도 좋다. 먼저 문의사항들을 정
리해서 이메일을 보내 놓고 전화를 하면 대화를 이어가기가 편할
것이다. 후배들의 요청을 거절하는 선배는 거의 없다. 실제로 그런
만남을 통해 고급 정보를 얻어내는 학생들을 적지 않게 보곤 한다.
문제는 대부분의 학생들이 지레 겁먹고 시도조차 하지 않는다는

것이다.

온라인 커뮤니티를 적극적으로 이용하는 것도 좋은 방법이다. 관심 분야와 관련된 블로그에 방문도 해보고 대화도 시도해보라. 인사팀에 지원하는 것을 꿈꾸던 J양은 인사담당자들의 커뮤니티에 들어가서 자신을 소개했다.

그 커뮤니티에는 오프라인 모임이 있었는데, J양은 그 모임에서 샌드위치를 나눠주는 일이라도 하겠다면서 참여를 요청했다. 아직 어린 대학생이 그 모임에 참여하고자 하는 모습이 인사담당자들의 눈에는 어떻게 비춰졌겠는가? 어린 학생의 열정적인 모습이 너무 예뻐 보였다고 한다. 학년이 어릴수록 더 기특해 보인단다. 그 모임에서 인사담당자들의 이야기를 직접 들으며 인사업무에 대한 이해를 넓히게 됐음은 물론이다. 이렇게 되면 후에 좋은 평판을 통해 추천받을 가능성도 높아진다.

앞서 예를 들었던 30살의 공대생처럼, 상황에 따라 무턱대고 찾아가는 것도 좋은 방법일 수 있다. 미래에 일하고 싶은 회사, 해당 팀에 찾아가 "4년 후 이곳에 지원하고 싶습니다. 어떠한 아르바이트라도 시켜주세요."라고 말해 보는 것이다.

물론 이런 시도들이 항상 성공으로 이어지진 않을 것이다. 거절을 당하거나 무응답을 경험하는 경우도 적지 않을 것이다. 하지만 이런 시도를 통해 예기치 못한 일들이 많이 일어나고 있다는 것을 꼭 기억하기 바란다.

자신의 인생에서 중요한 결정을 위해 이러한 시도를 하는 것은 아깝지 않은 투자라고 생각한다. 그리고 첫 네트워킹을 통해 효과를 맛보게 되면 시키지 않아도 또 다른 네트워크를 만들려고 노력할 것이다.

용기 있게 도전하라. 해보고 나서 후회해도 늦지 않다. 사람들은 열정적으로 도전하고 실행하는 사람에게 더 많은 정보를 주고 싶어한다.

② 철저한 사전 준비는 기본

용기 있는 도전을 통해 만남이 이루어졌다 하더라도 준비가 철저하지 않으면 네트워크로 연결되지 못한다. 강의를 하다 보면 가끔 학생들에게 면담 요청을 받는데 미팅에 대해 준비가 된 학생과 그렇지 않은 학생은 확연히 차이가 난다.

먼저 시간약속을 철저히 지켜야 한다. 최소 30분 전에 도착해서 기다린다는 마음으로 가야 한다. 시간에 늦으면 이미 좋은 인상을 주는 것은 실패한 것이다.

둘째, 자기소개를 미리 준비해서 가야 한다. 너무 장황하지 않도록 간단명료하게 자신에 대해 소개한다. 관심사, 목표 등 무엇을 중점적으로 말해야 할지 미리 정해두고 연습해 본다. 자기소개에서부터 꼬이면 원하는 바를 분명히 전달하지 못하게 될 가능성이 크다.

셋째, 질문 목록을 미리 작성한다. 미리 사전 지식이 있어야 적절한 질문을 할 수 있다. 사전 지식이 터무니없이 부족하면 현직에 종사하는 사람을 만나도 물어볼 말이 별로 없다. 그것은 서로에게 시간 낭비다. 충분히 조사하고 공부한 뒤 질문목록을 작성하라.

일의 내용, 자격 요건, 주의사항, 기업 및 시장 상황 등 적절한 질문목록을 만들어 간다. 질문목록이 잘 작성되어 있으면 준비된 느낌을 줄 수 있고, 신뢰감을 더할 수 있다. 그런 사람에게 더 많은 정보를 주고 싶은 것은 당연하다.

그리고 가능하다면 같은 분야에 종사하는 한 사람을 더 추천받는다. 앞에서 기본적인 것들을 잘 준비해서 신뢰감을 얻었다면 그 신뢰감을 바탕으로 어렵지 않게 또 다른 누군가를 소개받을 수 있다. 소개를 받아서 가게 되면 신뢰감을 형성하는 것이 훨씬 쉽다는 것은 앞에서도 말했다.

자 여기까지 진행이 되었다면 마지막으로 확인할 사항은 만남 이후 24시간 내에 감사 메일을 보내는 것이다. 자신의 고마운 마음을 적절히 표현하는 것이다. 그리고 '궁금한 게 있으면 또 연락 드려도 될까요?' 하는 식으로 만남의 끈을 이어두면 좋다. 이렇게 되면 건강한 네트워킹의 첫 단추가 잘 끼워진 것이다. 사후 관리는 생각보다 중요하다.

예전에 S대의 두 학생 A와 B가 추천을 받아 모 회사에 면접을 보게 됐다. 안타깝게도 두 사람 모두 합격하지 못했다. 그런데 A는 그 이후 아무런 연락도 없었고, B는 면접을 본 이야기와 감사 인사를 메일로 보내왔다. A는 그 이후에 자연스레 추천한 사람의 기억에서 잊혀졌고, B는 그 이후에도 어딘가에서 추천을 요청하면 소개해주고 싶은 사람으로 기억에 남게 됐다.

기본적인 준비를 하고 기본적인 예의를 갖추는 것은 좋은 관계를 만들어가기 위한 기본중의 기본임을 잊지 말기 바란다. 사소한 것에서 신뢰가 쌓이고 네트워크의 연결여부가 결정된다. 사람은 기본을 지키는 사람을 더 기억하기 마련이다.

③ 평소에 좋은 모습을 보이라

네트워킹은 평소의 말과 행동으로부터 시작된다. 즉 당신의 평판은 당신의 평소 모습이 결정한다. 그것은 자신의 주변 사람들만 살펴봐도 어렵지 않게 알 수 있다. 필요할 때만 잘 보이려는 사람의 됨됨이가 드러나는 데까지는 그리 오랜 시간이 걸리지 않는다. 반면 진실되고 성실한 사람들은 시간이 가면 갈수록 분명히 드러난다. 평소에 좋은 모습을 보이라는 말은 결국 '어떤 사람으로 살아갈 것인가'를 결정하라'는 의미다. 누가 보든 안 보든 자신만의 원칙으로 삶을 살아가라는 뜻이다.

인턴을 지원한 학생들을 보면, 대부분 이력서에 한 줄 더 넣으려는 의도만으로 일을 한다. 어차피 열심히 해도 인턴기간이 끝나면 끝이라는 생각 때문이다. 그래서 적당히 시간을 때우고 칼퇴근을 한다. 업무에 몰입하는 모습은 잘 보이지 않는다.

그런데 종종 눈에 띄는 학생이 있다. 모든 업무에 최선을 다하고 들은 얘기들을 일일이 메모한다. 또 퇴근 시간이 지났는데도 늦게까지 일하는 직원들과 함께 하며 더 많은 것을 배우려 한다. 이런 학생이 직원들의 눈에는 어떻게 비춰지겠는가? 뭐라도 사주면서 더 많은 정보를 주고 싶고 도와주고 싶을 것이다.

평소 드러나는 태도에서 이런 차이가 생긴다. 실제로 이런 학생들은 인턴 기간이 끝난 이후에도 관계가 지속되어 자기소개서나 면접 요령 등을 지도받는 것을 많이 보았다. 고급 정보를 오히려 밥까지 얻어 먹어가며 무료로 제공받은 것이다. 이런 학생들 중에는 정직원 전환 옵션이 없었음에도 해당 부서의 요청으로 정직원으로 채용되는 행운을 누린 학생들도 있었다.

누가 보든지 안 보든지 자신만의 원칙과 태도로 열심히 일하는 사람이 되라. 그것이 곧 네트워킹이다. 그것만으로 가는 곳마다 많은 사람들을 얻을 수 있기 때문이다. 결국 건강한 네트워킹은 당신이 어떤 사람인가에 달려 있다. 스펙은 단기간에 업그레이드가 불가능하지만, 적극적이고 성실한 태도는 지금 바로 시작할 수 있다. 그리고 그것이 차곡차곡 쌓여 삶의 방식이 된다면 당신에게 좋은 평판이라는 커다란 자산을 만들어 줄 것이다.

✔ 당신의 지인들은 당신의 평소 모습을 어떻게 평가할 것 같은가?

④ 사람들은 스펙이 조금 부족해도 태도가 좋은 사람에게 끌린다

스펙은 좋은데 기본적인 것들을 가벼이 여기는 학생이 있다. 예를 들면 학점은 좋은데 수업에 자주 늦고 점수가 반영되지 않는 과제는 대충 하는 식이다. 반면 스펙은 조금 부족한데 기본적인 태도가 좋고 예의가 바른 학생이 있다. 이 학생은 점수가 많이 반영되든 적게 반영되든 늘 동일한 태도로 과제를 수행한다. 또한 수업 시간을 약속이라 생각하고 지각을 하지 않으려고 최선을 다한다.

만일 둘 중 누구를 추천해야 한다면 당신은 누구를 추천하고 싶은가? 일반적으로 사람들은 능력은 있는데 머리를 굴리는 사람보다는 능력은 조금 부족해도 정직하고 성실한 사람에게 더 끌린다.

실제적인 사례를 살펴보자. K대에서 진행하는 취업 교양강좌가 있다. 이 수업은 점수를 매기지 않고 PASS 또는 FAIL만으로 평가되는 수업이다. 따라서 두 번까지 결석이 가능하고(세 번부터는 FAIL) 지각 두 번을 하면 한 번의 결석으로 처리된다. 이 기준만 충족하고 과제만 제때 제출하면 수업 이수가 가능하다. 그런데 어떤 학생들은 그런 기준을 악용하여 두 번의 결석 또는 지각 두 번을 일부러 다 채운다. 그런 학생들은 수업 태도도 그리 좋지 않다. 그냥 취업을 위한 수업이니까 적당히 듣고 이수만 하면 된다는 생각이 역력히 보인다. 반면 어떤 학생들은 점수와는 상관없이 항상 일찍 와서 수업을 준비한다. 진지한 태도로 수업에 임하고 과제 또한 성심성의껏 작성한다. 물론 출석률도 100%다.

어느 날 그 수업을 진행하는 담당교수에게 해당분야 세계 TOP3에 속하는 외국계 기업으로부터 사람을 소개해 달라는 요청이 왔다. 그 교수에게 누가 먼저 떠올랐을까? 스펙이 좋은 사람? 그의 머릿속에는 수업 중 태도가 좋았던 학생들이 가장 먼저 떠올랐다. 평가 기준과 상관없이 일찍 와서 수업을 준비하고 진지하게 수업에 임했던 학생들이 먼저 생각난 것이다.

이것은 당연한 결과가 아닐까? 그리고 그런 학생들을 만나보면 대부분 스펙도 우수했다. 기본적인 성실성이 그동안의 취업준비 과정에도 고스란히 녹아 있었다. 담당교수의 말에 따르면 설사 스펙이 조금 부족하더라도 태도와 인성이 좋으면 더 도와 주고 싶은 마음이 생긴다고 한다. 반면 스펙이 좋아도 태도가 좋지 않은 사람들은 추천대상으로 고려하지 않게 된다고 한다. 자신의 이름을 걸고 누군가를 추천할 때 태도가 좋지 않은 사람을 추천할 사람은 아무도 없다.

크든 작든 기회주의적인 사고방식은 완전히 타파하기 바란다. 늘 스스로에게 정직하고 기본적인 성실성을 유지한다면 조금 부족한 스펙은 보완될 수 있다.

꼭 기억하라. 사람들은 스펙은 좋지만 작은 일에는 소홀한 사람보다는 스펙이 조금 부족해도 성실한 태도를 가진 사람에게 더 끌린다. 그런 사람에게 더 많은 정보를 주고 싶고 기회가 될 때 추천해 주고 싶은 마음을 느낀다.

⑤ 건너건너 다 연결되어 있음을 기억하라

미국의 사회심리학자 스탠리 밀그램(Stanley Milgram)은 편지실험을 통해 세상의 모든 사람들은 6명을 거치면 서로 연결된다고 주장했다. 밀그램의 말처럼 세상은 생각보다 좁다. 따라서 사람을 만날 때는 언제 어디서 다시 만날지도 모른다는 것을 늘 염두에 두어야 한다. 계산적으로 사람을 대하라는 뜻이 아니라 어디서 누구를 만나든 순수한 마음으로 최선을 다하라는 의미다.

예전에 신뢰하는 누군가로부터 한 사람을 소개받은 적이 있다. 평소 신뢰했던 사람에게 소개를 받았기 때문에 그 학생에 대한 첫인상은 매우 좋았다. 그래서 몇 가지 질문을 하고 큰 의심 없이 이곳저곳에 소개해 주었다. 소개해준 곳에서도 필자를 신뢰하는 만큼 그 학생에게 후한 점수를 주었고, 결국 한 회사에서 수습사원으로 일하게 됐다. 하지만 아쉽게도 3개월의 수습기간이 지나자 그 회사에서 필요로 하는 인재상에는 부합하지 않는 것 같다는 평가를 받게 됐다. 회사를 더 다닐 수 없게 된 것이다. 이런 일은 사회생활을 하다 보면 충분히 있을 수 있는 일이다. 아무리 뛰어난 사람이라 해도 해당 영역에서 요구하는 인재상과는 부합되지 않을 수 있기 때문이다.

문제는 그 이후에 보인 그 학생의 태도였다. 그 통보를 받자마자 완전히 다른 모습을 보인 것이다. 그동안의 공손함은 온데간데 없고 건방진 말투, 눈빛, 태도를 보이면서 "알았으니까, 그만 하시고요. 그럼 지금 나가면 되죠? 어차피 나갈 건데 뭔 사설이 그렇게 길어"라고 말했다고 한다. 앞으로 볼 사람들이 아니라고 생각했기 때문일까? 상식적으로도 도저히 이해가 가지 않는 행동이었다.

무엇보다 그런 행동은 필자의 신뢰도를 완전히 떨어뜨렸다. 나를 믿어준 사람들에게 고개를 들지 못할 만큼 부끄러움을 느끼게 했다. 필자는 우선 그 학생을 소개했던 여러 회사들에 전화를 걸어 그 학생에 대해 다시금 설명했다. 그 사건에 대해 가감 없이 그대로 전달했다. 혹시나 필자가 소개해 준 다른 곳에 피해가 될 수 있기 때문이었다.

부정적인 평판은 긍정적 평판보다 빠르게 퍼진다. 아마 그 학생은 자신의 행동이 이런 파급효과를 내고 있다는 사실을 몰랐을 것이다. 물론 필자는 그 학생에게 개인적인 감정은 없었다. 단지 필자의 이름을 걸고 소개를 한 것에 대한 책임을 지려 했던 것뿐이다. 결국 그 학생의 평판은 돌고 돌아 필자에게 다시 돌아왔다. 세상은 좁다. 특히 특정 분야 내에서의 네트워킹의 폭은 더 좁다고 봐야 한다.

이해관계를 생각하지 않고 사람을 대하는 습관을 들이라. 순수한 마음으로 존중하고 배려하라. 늘 어떤 상황에서도 기본적인 예의를 지키라. 어느 순간 사람이 곧 자산이라는 말을 실감하게 될 것이다.

> "자신과 전혀 이해관계가 없는 사람을 대하는 태도로 인간성을 알 수 있다."
>
> -새뮤얼 존슨(영국시인, 평론가)

⑥ Givers gain!

순수한 마음으로 주고자 하는 사람은 더 많은 것을 얻는다. 주는 것에는 유형적인 것과 무형적인 것이 다 포함된다. 선물을 주고 식사를 대접하는 것도 주는 것이지만, 배려, 존중, 감사, 관심 역시 줄 수 있는 것들이다. 건강한 네트워킹의 달인들은 모두 'giver(주는 사람)'들이다. 단, 대가를 바라고 계산적으로 주는 사람들이 아니라 순수한 마음으로 '주는 것의 기쁨을 아는 사람들'이나. 그리고 그러한 사고방식은 그들의 평판을 만든다.

무한도전에 출연하면서 더 유명해진 사진작가 오중석의 이야기를 해보자. 군대를 제대한 오중석은 집 앞 주유소에서 아르바이트를 하게 됐다. 주유는 물론이고 세차를 할 때도 최선을 다했다. 특히 자신이 운전자였을 때의 기억을 되새겨 백미러 뒤쪽까지도 잘 닦았다. 자신이 고객일 때 세차하는 사람이 그렇게 해주길 바랐었는데 그것을 고객들에게 역으로 실천했던 것이다. 그런 마음가짐이 오중석을 달라 보이게 했던 모양이다.

어느 날, 매일 고급 승용차를 타고 오던 손님이 그에게 말을 걸었다. "혹시 주유소 사장 아들?" 하면서. 주유소 주인집 아들로 생각될 만큼 오중석의 성실한 태도가 인상적이었던 것이다. 그리고 피자헛에서 일할 마음이 있냐고 스카우트 제의를 했다. 당시 주유소 월급이 30만원이었는데 그 4배인 120만원을 주겠다고 했다. 오중석의 남다른 배려가 파격적인 스카우트로 이어지는 순간이었다. 그간 고객들에게 주었던 순수한 배려가 더 큰 대가로 돌아온 것이다.

거기서 끝이 아니었다. 오중석의 '주는 행동'은 피자헛에 가서도 계속됐다. 주차장에서 매장으로 이동하는 통로에 불필요한 벽이 가로막고 있었는데, 고객들에게 '돌아가셔야 합니다'라고 말하는 것이 무척 미안했다고 한다. 그래서 자발적으로 벽을 허물고 시멘트를 퍼 발라서 고객들이 돌아가지 않도록 했다.

또한 피자헛 앞에는 주유소가 있었는데, 피자헛 직원들과 주유소 직원들 사이가 좋지 않았다. 피자헛을 방문한 사람들이 주유소 옆에 적당히 주차하고 들어오는 경우가 많았기 때문이다. 이번에도 오중석은 그들에게 진심 어린 마음으로 무언가를 준다. 당시 장난전화로 버려지는 피자가 많았는데(다시 팔 수도 없었기 때문에 정책상 버리게 되어 있었다고 한다), 그 피자들을 주유소 직원들에게 갖다 준 것이다. 자신이 주유소에서 일하면서 간식을 먹고 싶었던 기억이 떠올라 '저 사람들도 배가 고플 텐데…' 하는 생각이 들었기 때문이다.

이러한 오중석의 행동은 주유소 직원들과의 좋은 관계로 이어졌다. 얼마 뒤 어린이날이 되어 고객이 너무 많아 차량 통제로 애를 먹고 있을 때였다. 갑자기 구원투수처럼 주유소 직원들이 달려 나와 차량 통제를 해 주는 것이 아닌가. 그런 일들을 통해 오중석의 주가는 한 층 더 올라가게 되었고 피자헛 부지점장 제의를 받기에 이른다. 하지만 오중석은 이 제안을 거절한다. 당시 오중석은 대학생이었고 사진작가를 하고 싶었기 때문이다. 필자는 이 대목에서 깊은 감동을 받았다. 자신이 성공하고자 하는 분야도 아니었는데 이런 태도를 보이다니! 더군다나 정직원도 아니고 아르바이트생이 말이다. 오중석은 언제 어디서나 사람들을 배려하고 뭔가를 주려는 마음으로 그들을 대했다. 평소 몸에 밴 '주고자 하는 마음'이 평판을 만들고 네트워킹의 길을 열어 준 것이다.

순수한 마음으로 주고자 하는 습관은 반드시 그 이상으로 돌아온다. 배려든 관심이든 자신이 줄 수 있는 것을 주라.

단, 반드시 주의할 점은 주고 나서 그것을 잊어버리라는 것이다. '내가 이만큼 주었으니 똑같이 돌려받아야지' 하는 생각으로 주는 행동을 하는 것은 오히려 해가 된다. 계산적인 사람을 좋아할 사람은 아무도 없기 때문이다. 오중석처럼 '주는 것에서 오는 기쁨'을 발견하는 것이 중요하다. 오중석은 누군가에게 보이기 위해서 또는 받기 위해서 그런 행동을 하고 있지 않다. '주는 것에서 오는 유익'을 경험해 봤기 때문이다. 주변에 있는 사람들에게 작은 것부터 주는 연습을 해보기 바란다.

> "삶이 줄 수 있는 가장 아름다운 보상은 다른 이를 성심껏 도울 때 자기
> 자신의 삶 또한 나아지게 된다는 것이다."
>
> -랠프 왈도 에머슨(미국 사상가)

결국 '진정성'이다

네트워킹의 진수는 결국 '진정성'이라고 할 수 있다. 건강한 네트워크를 오래도록 유지하는 사람들을 보면 진정성이 뿜어져 나온다. 자신의 일에 열정을 가진 사람, 순수한 마음으로 사람을 존중하고 도우려는 사람, 기본적인 성실성을 가진 사람, 올바른 원칙을 지키려는 사람에게서 사람들은 진정성을 느낀다. 이런 사람들은 누구나 도와주고 싶어한다. 좋은 정보를 알려주려 하고 좋은 곳에 추천해 주고 싶은 마음을 느낀다.

필자는 당신이 그런 사람이 되기를 바란다. '어떤 일을 할 것인가'도 중요하지만, '어떤 사람이 될 것인가'는 더욱 중요하다. 그러기 위해서는 지금부터 자신이 어떤 사람이 될 것인가를 고민하고 준비해야 한다. 성품도 실력과 마찬가지로 하루아침에 갖춰지는 것은 아니기 때문이다. 건강한 성품을 갖춘 인재들이 많아질 때 세상은 분명 더 아름다워질 것이라고 믿는다. 필자가 간절히 바라는 바이기도 하다.

네트워킹 파트를 마무리하면서 강력한 질문을 하나 던져 볼까 한다. 이 질문에 대해 깊이 생각해 본다면 미래를 준비하는 데 중

요한 깨달음을 얻을 수 있을 것이다.

✔ 당신은 스스로를 추천할 수 있는가?

그렇지 않다면 그 이유가 무엇인지 적어보라. 그 과정에서 당신의 미래를 바꿔줄 핵심 실천사항들이 정리될 것이다.

자신을 어떻게 생각하느냐가 운명을 결정짓는다.

- 헨리 데이비드 소로

진짜 내 인생을 살게 하는
최고의 무기는 자존감

'부족한 스펙'보다 무서운 '낮은 자존감'

이제 '관점 Set Up'을 위한 마지막 주제를 이야기하려고 한다. 바로 '자존감'이다. 커리어를 말하면서 갑자기 웬 자존감을 이야기하는지 의아한 사람들도 있을 것 같다. 하지만 자존감은 커리어를 만들어가는 데 가장 근본적인 요소라고 볼 수 있다.

대학생들을 상담해 보면 부족한 스펙보다 무서운 것은 낮은 자존감이다. 자존감이 낮은 사람은 스스로 자신의 한계를 제한하고 더 이상 도전하려 하지 않는다. 되는 것보다 안 되는 쪽에 초점을 둔다. 남과 자신을 비교하면서 쉽게 열등감을 느끼고 실패를 했을 경우 내면적으로 회복되는 데 많은 시간이 걸린다. 실패를 딛고 일어서서 다시 시작하는 힘도 미약하다.

사람은 결코 자신의 자아상을 넘어설 수 없다. 포부가 10인데 자존감이 3이라면 성과는 10에 미치지 못한다. 성과는 당연히 3 이하가 된다. 자존감이 낮을수록 잠재력은 제한된다. 결국 자신을 어떻게 바라보는지가 인생의 모든 면에 영향을 주기 때문이다.

> "사람은 자신의 관점과 일치하지 않는 행동을 할 수 없다. 자신을 부정적으로 보는 사람은 긍정적인 일을 절대 하지 못한다."
>
> -지그 지글러

자존감이란?

자존감이란 기본적으로 '스스로를 존중하는 마음의 힘', '자신에 대한 스스로의 평가'를 의미한다. 하버드 대학교 교육대학원 교수인 조세핀 김은 자존감을 '자신에 대한 긍정적 마인드이며, 상황에 따라 변하지 않는 자신에 대한 믿음이고, 실패와 성공을 객관적으로 받아들일 수 있는 능력'이라고 말한다. 숙명여자대학교 교육학부 송인섭 교수는 '모든 행동의 근원이 되는 핵심적인 인간 행동의 특성'이라고 강조한다. 캐나다의 교육심리학자인 제르맹 뒤끌로(Germain Duclos)는 그의 저서에서 "자존감은 '자신의 가치' 그 자체가 아니라 자신의 가치에 대한 인식"이라고 정의하고 있다. 필자는 자존감을 이렇게 정의하고 싶다. 자존감은 '자신을 있는 그대로 사랑하는 힘'이며 '건강한 성공을 이룩하는 원동력'이다. 자신을 건강하게 사랑하고 아끼는 사람은 모든 행동에서 확연한 차이를 나타내기 때문이다. 많은 심리학자들이 자존감을 '인간을 성공으로 이끄는 중요한 마음의 힘'이라고 정의한다.

원광아동상담센터 이영애 소장은 자존감을 자기 가치감, 유능감, 자신에 대한 호감으로 나누어 설명한다.

'자기 가치감'이란, 힘든 일이 생기고 실수를 해서 큰 망신을 당해도 내가 무가치하고 형편없는 사람이 되는 것은 아니라는 '자신에 대한 믿음'이다. 즉 심하게 꾸겨진 만원 지폐라 하더라도 만원의 가치가 떨어지지 않는 것과 같다. 나는 나의 행동이 아니라 존재 그 자체로서 가치가 있다는 것을 믿는 것이다.

'유능감'은 아무리 어려운 일이라도 이것을 해결할 수 있는 능력이 자신에게 있다는 '문제해결에 대한 믿음'을 뜻한다. 자존감이 낮으면 문제를 직면하고 해결하는 능력이 현저히 떨어진다. 자신의 잠재력을 충분히 발휘하지 못하는 것이다.

'자신에 대한 호감'은 내가 지금 당장 이 일을 해내지 못하고 어려움을 겪고 있다고 해서 그런 내가 혐오스럽거나 실망스러워 낙심하는 것이 아니라 그럼에도 불구하고 자기 자신을 마음에 들어하는 '자신에 대한 깊은 신뢰감'이다. 즉 어떤 상황에서도 자신을 좋아하고 신뢰하는 감정이다.

이 세 특성이 적절히 조화와 균형을 이루면서 자존감이 높아진다. 자존감이 낮은 사람 중에도 성적이 높은 학생들이 있을 수 있다. 많은 학생들이 유능감이 높은데도 자기 가치감과 자기 호감은 낮은 경우를 많이 본다. 성적과 성과로만 평가되는 환경에서 자란 탓이 크다고 생각된다. 이런 학생들은 사회에 나오면 인간관계에서 많은 어려움을 겪는다. 또한 성취에 집착하여 인생에서 깊은 행복감을 경험하지 못할 가능성이 높다.

나를 정의해 보기

자 그럼 자신에 대한 정의를 내려 보자. 자신에 대한 정의를 적다 보면 자신에 대한 스스로의 감정과 평가를 보다 구체적으로 알게 된다. 즉 자존감의 정도를 어느 정도 가늠해 볼 수 있다.

'나는 ~이다'라는 식으로 최소 10문장 이상을 작성해 보라. 되고 싶은 이상적인 모습이나 긍정적인 면을 적으려고 노력하지 말고, 그저 자신에 대해 느끼는 대로 작성해야 한다. 대충 넘기지 말고 꼭 써보기를 바란다. 이 작업이 당신에 대한 새로운 인식을 줄 수도 있다. 자존감을 높이려면 현 상태를 정확히 파악하고 인정하는 것이 필요하다. 모든 변화는 직면으로부터 시작되기 때문이다.

적어 봤다면 자신에 대한 전반적인 관점과 감정을 한두 단어로 요약해 보라. 어쩌면 자신에 대해 좋은 내용들만 쓴 사람들도 있을 것이다. 그런 사람들을 위해서 조금 더 파고 드는 질문을 던져 보겠다. 다음의 질문에 답해 보자.

- ✔ 나의 외모에 대한 나의 느낌은 어떤가? 만족스러운가? 너무 사랑스러운가? 얼굴, 몸매, 키 하나하나를 떠올려 보라. 어떤 느낌인가?
- ✔ 당신의 영어실력은 어느 정도인가? 토익 점수는? 학점은 어떤가? 그 점수를 받은 자신이 어떻게 느껴지는가?
- ✔ 스스로 생각해도 너무 부끄러운 행동을 했던 기억을 떠올려 보라. 그런 자신을 어떻게 느끼는가? 이해하고 받아들여 줄 수 있는가?

필자는 억지로 스스로에 대해 안 좋은 감정을 끌어내려는 것이 아니다. 자존감의 뿌리는 무의식(또는 잠재의식)에 내재되어 있다. 따라서 의식적으로는 건강한 듯 보여도 특정한 상황에서 자신도 모르게 부정적 감정에 사로잡히고 자신에 대해 비난하게 되는 것이다. 의식에서는 '나는 괜찮은 사람이야'라고 생각해도 오래 전부터 차곡차곡 쌓여온 상처들로 인해 무의식에 '나는 나쁜 사람이야'라는 메시지가 심어져 있으면 부정적 자아상을 갖게 된다. 무의식에 저장된 메시지는 원하지 않는 사건이나 상황을 만날 때보다 분명하게 드러난다. 그런 부분을 조금 자극시키려 한 것뿐이다.

나에 대해 정의해 보고 위의 질문들에 답을 해 보고 나니 어떤 기분이 드는가? 나는 나를 누구라고 인식하고 있는가? 그것은 긍정적인 모습인가? 부정적인 모습인가?

이러한 과정을 거치고 나면 대부분 좀 더 분명하게 자신의 자존감과 마주하게 된다. 자존감을 높이기 위해서는 먼저 자신에 대해 분명한 자각이 필요하다.

자존감은 어떻게 형성될까?

자존감은 보통 만 2세부터 7세까지의 부모의 양육태도를 통해 형성되고 기초적인 뿌리가 만들어진다고 한다. 이후 학교 생활 및 또래 관계 속에서 조금씩 교정되는 것으로 알려져 있다. 자존감의 형성에서 중요한 것은 '관계'이다. 특히 인생에서 중요한 사람들과의 관계가 어땠는지가 중요하다.

'관계의 연속성의 원리'라는 말을 들어 본 적이 있는가? 관계의 연속성이란 말 그대로 생의 초기에 경험한 대인관계가 성인의 생애에 걸친 대인관계의 모델로 계속된다는 뜻이다. 어린 시절 부모(또는 중요한 타인)와의 관계는 이후의 성인기의 성격 형성에 중요한 영향을 미친다.

이 원리에는 중요한 사실이 전제되어 있다. 어린 시절 부모와의 관계는 곧 나 자신을 바라보는 관점을 형성한다는 것이다. '부모님이 나를 어떤 관점으로 바라 보셨는가'가 나 자신을 바라보는 중요한 기준이 된다.

필자의 아버지는 성과를 중시하시는 분이셨다. 초등학교 3학년 때까지 1등을 했던 필자는 아버지의 기대를 한몸에 받았다. 그러다가 4학년 때 성적이 떨어졌다. 아버지께서는 성적표를 보실 때마다 항상 기분 좋게 웃으시곤 했는데 그 성적표를 보시면서는 아무 말씀도 하지 않으셨다. 필자는 아직까지 그때의 장면을 생생하게 기억한다.

시간이 흘러 20대가 되어 심리와 관련된 도서들을 접하면서 아버지가 필자를 바라보신 바로 그 관점으로 필자 자신을 보고 있음을 깨달았다. 성취가 높지 않으면 존재감이나 행복감을 크게 느끼지 못했던 것이다. 아버지의 관점은 그대로 내가 나를 보는 관점으로 이어졌다. 관계의 연속성이 일어난 것이다. 결혼을 하고 아버지와 따로 살게 되고 아버지의 간섭으로부터 멀어졌음에도 필자는 스스로를 성과 위주로 보는 관점을 쉽게 떨쳐내지 못했다. 머리로는 떨쳤지만 가슴 깊은 곳의 감정은 그러지 못했다. 그러한 감정을 조절하기까지는 많은 애씀과 노력이 필요했다.

부모의 관점은 자신의 무의식 속에 '메시지'를 남긴다. 아버지께서 4학년 때 성적표를 보신 장면은 나에게 다음과 같은 메시지를 남겼다. '너는 더 이상 특별한 사랑을 받을 자격이 없어.'부모님의 관점에는 메시지가 있다. 언어로 표현되는 것도 그렇지만 관점이 어떤가에 따라 더 강력한 메시지가 보내진다.

심리학자 메라비언은 언어로 전달되는 것은 7%뿐이며 38%는 목소리 톤, 35%는 표정, 20%는 태도로 전달된다고 말했다. 아버지께서 큰소리를 치셨을 때보다 말없이 성적표를 바라보시던 모습이 더 강한 메시지를 형성했던 것이다.

✔ 부모님은 나를 어떤 관점으로 바라보셨는가?
✔ 어떤 언어를 주로 사용하셨는가?
✔ 그것이 나에게 미친 영향은 무엇인가?

나 자신이 진정으로 원하는 바를 찾으려면…

자존감이 낮을수록 외부적 인정과 평가에 많은 영향을 받게 된다. 정도가 심할수록 보여지는 성과에 대한 집착이 심해지고 외부로부터 오는 인정과 칭찬이 선택의 기준이 된다. 인정받기 위해 자신의 삶을 살아가게 되는 것이다.

사람은 충분히 지지받고 사랑받지 못하면 어떤 형태로든 자신의 존재감을 확인하기 위해 몸부림치게 되어 있다. 그것은 다양한 형태로 나타난다. 성취에 대한 집착, 이성에 대한 집착, 관계 중독, 쇼핑

중독 등(여기서 중독이란 해가 되는 줄 알면서도 멈추지 못하는 행동을 말한다).

무엇인가에 심하게 집착하는 행동의 이면에는 낮은 자존감이라는 근본적 뿌리가 있다. 커리어에 있어서는 인정받기 위한 왜곡된 선택으로 나타난다. 자신이 누구이고 무엇을 원하는지를 살피기보다는 '외부적 인정을 위한' 최상의 선택을 향해 달려가게 된다. 그러면서 자신의 꿈은 사라지고 남에게 보이기 위한 인생을 살아가게 된다.

이런 삶에는 평안함이 없다. 한 가지를 얻어도 또 얻어야 하는 것이 생긴다. 무엇보다 자신이 의도했던 대로 성취를 이루었다 해도 공허감을 느끼는 경우가 많다.

KBS 파노라마 '김난도의 내일'이라는 프로그램에서 이인재라는 사람을 봤다. 미국 명문대를 졸업하고 증권회사에 취직한 소위 '엄친아'였던 그는 다니던 회사를 그만두고 종로에서 인력거를 운행하고 있었다. 직업이 아닌 자신만의 일을 갖고 싶었다는 인재 씨는 미국 유학 시절 아르바이트 경험을 되살려 인력거 업체를 운영하게 되었다.

관광객들을 태우고 거리를 누비는 그의 모습은 매우 행복해 보였다. 인력거를 직접 수리하고 사업계획을 세우는 모습도 보였는데 그 모든 게 참 자연스러워 보였다. 인재 씨는 'You Only Live One'이라는 자신만의 좌우명을 가지고 있었다. 한 번 사는 인생인데 해보고 싶고 꿈꿔 왔던 것을 다 해보고 싶다는 의미다.

필자가 인상 깊었던 것은 그의 행복한 표정이었다. 자신을 잘 알고 자신을 믿고 있는 사람만이 할 수 있는 행동이라는 생각이 들었다. 물론 그가 인력거 사업으로 큰 성공을 거둘지는 알 수 없다. 하지만 스스로 자신의 인생을 주도하고 만들어 가고 있는 것만은 분명했다.

그런 그가 그 일에 실패한다고 좌절할 것 같지는 않다. 그 좋은 스펙과 직장을 버릴 만큼의 자기 확신이 있는 사람이 눈앞의 실패를 두려워할 것 같지는 않기 때문이다. 자존감이 높은 사람은 내적 확신과 안정감이 있다. 자신을 잘 알 뿐만 아니라 스스로를 존중하고 신뢰하기 때문이다.

취업의 길은 점점 더 험난해지고 있다. 어떤 길을 선택하든 당신은 힘겨운 싸움을 해 나가야 한다. 그 전에 자신과의 관계를 건강하게 만드는 데 시간을 투자하기 바란다. 자신의 내면을 충분히 돌아보고 자신이 누구인지, 무엇을 원하는지 무엇 때문에 괴로워하는지를 스스로에게 질문해 보라. 자존감이 높아질수록 당신이 진정으로 원하는 것이 무엇인지 알게 될 것이다. 그리고 남의 눈을 의식하느라 시간을 허비하진 않게 될 것이다. 결국 답은 외부가 아닌 자신의 내면에 있음을 알게 될 것이다.

"외부를 보는 자는 꿈을 꾸고 내면을 보는 자는 깨어난다. 인생에서의 특권은 '진정한 자신'이 되는 것이다."

-칼 구스타프 융

커리어 결정에 영향을 미치는 문화적 환경

서양과 동양의 문화적 차이 중에 하나는 집단주의와 개인주의다. 서양은 자신을 우선시하는 개인주의적 문화가 주를 이룬다. 가장 대표적인 나라가 미국이다. 서양에서는 '나'가 모든 것의 중심이다. 서양의 개인은 모든 것의 기본이다. 따라서 개인적인 틀에서 자기 자신을 규정한다. 자신의 정체성은 곧 자기 자신이 결정하는 것이다.

반면 동양은 집단주의 문화가 형성되어 있다. 집단주의에서는 나보다는 '우리'가 중시된다. 다른 사람과의 상호관계 속에서 자신을 확인하고 규정한다. 정체성의 형성에서 매우 중요한 역할을 하는 것은 자신이 속한 집단이다. 집단주의에서는 개인보다는 집단의 목표가 우선된다. 대표적인 나라가 바로 한국이다. 개인주의 문화에서는 자신의 행복과 부모의 기대가 대립하는 경우 자신의 행복을 추구하는 선택을 한다.

하지만 집단주의 문화에서는 그런 선택이 쉽지 않다. 가족이 원하고 가문이 원하는 길을 추구하는 것이 옳은 길처럼 여겨진다. 집단주의 사회에서는 가족이 가장 중요한 사회의 기본단위이기 때문에 가족에 소속되고 가족의 이익이나 명예를 지키는 것이 개인의 성공이나 자기실현보다 더 중요하다. 이러한 눈화에서 자신만의 길을 선택하는 것은 쉽지 않다.

또 한 가지 살펴보아야 할 한국의 문화는 '유교문화'다. 유교문화에는 많은 장점들도 있지만 한국 사회를 병들게 하는 치명적인 단점들도 존재한다. 양반 중심의 서열문화로 대표되는 사농공상(士農工商)적 신분질서 관념이 바로 그것이다. 물론 우리 시대에는 양반과 상놈의 구분은 없다. 하지만 어떤 직업을 가지고 있느냐에 따라 보이지 않는 서열화는 그대로 유지되고 있다고 생각한다. 화이트 컬러인가 블루 컬러인가에 따라 그 사람의 신분이 결정되는 것이다. 출세하는 것이 곧 성공이고 남보다 우위에 서지 않으면 실패로 보기 때문에 출세를 위해서는 인지도가 높은 학교를 다녀야 하고 남들이 부러워하는 직업을 가져야만 한다.

유교문화와 집단주의 문화 속에서 우리는 남들이 다 그렇다고 말하는 성공을 향해 아무 생각 없이 달릴 가능성이 높아진다. 인지도가 높은 대학을 들어가지 못하면 실패한 것이고 사회적으로 인정되는 직업이 아니면 아랫사람이 되는 것 같기 때문이다. 이런 문화 속에서 자란 학생들의 자존감이 낮아지는 것은 어찌 보면 당연한 일이다.

필자는 집단주의와 유교문화가 잘못됐으니 그것을 부정하자는 뜻으로 이 말을 하는 것이 아니다. 집단주의와 유교문화에도 장점이 있다. 다만 커리어를 결정함에 있어 어떤 영향을 받고 있는지를 명확히 보고 적절한 선택을 내리기를 바라는 것이 필자의 의도다. 한 번뿐인 인생을 남의 눈치를 보느라 망칠 수는 없지 않은가.

우리가 이러한 환경 속에서 어떤 영향을 받고 있는지를 먼저 인식하자. 그것이 나의 자존감을 형성하는 데 어떤 영향을 미쳐 왔는지를 또한 생각해 보자. 그리고 자신의 길을 결정함에 있어 그런 영향들을 어떻게 다루어야 할지를 생각해 보자.

국내 상위권 대학을 수석으로 졸업하고 영어 실력도 출중한 학생이 있었다. 졸업을 한 지 2년이 지난 어느 날 그 학생으로부터 연락이 왔다. 놀랍게도 그 학생은 아직도 취업을 하지 못하고 있었다.

상황은 이랬다. 학벌이 좋은 부모님은 똑똑한 딸이 대기업에 들어가길 원했다. 어려서부터 줄곧 1등만 해오던 딸이 가문의 영광이 되는 모습을 늘 꿈꿔오셨기 때문이다. 반면 그 학생은 자신이하고 싶은 일이 따로 있었다.

하지만 사회적 인지도도 높지 않고 월급도 적은 편이라 부모님께제대로 말씀 드리지 못하고 있었다. 그러면서 2년의 시간이 흘러간것이었다. 필자는 먼저 그 직업에 대해 충분한 조사가 이루어졌는지 본인이 원하는 길이 맞는지를 물었다. 그리고 나서 "부모님하고얘기는 해봤어?'라고 물었다. 그러자 학생은 말없이 눈물을 흘렸다.지레 겁을 먹고 부모님과 상의할 시도조차 해보지 않은 것이다.

필자는 그 학생에게 솔직한 마음을 편지로 전달해 보는 것은 어떻겠냐고 물었다. 잠시 생각에 잠기더니 그렇게 해보겠다고 약속했고, 얼마 뒤 자신이 원하는 길을 가게 됐다며 웃으면서 말했다.

부모님의 기대, 사회적 압력이 있다 하더라도 자신을 잘 알고 자기 확신이 뚜렷하다면 어떤 식으로든 풀어갈 방법이 있다고 생각한다. 필자 역시 아버지와 힘겨운 갈등을 거쳤지만 지금 내가 원하는 길을 걷고 있으니까. 자존감을 높이는 것은 그래서 중요하다.내가 나에 대한 확신이 없고 나를 믿지 못하면 그 어느 것도 스스로 선택할 수 없다.

자존감을 높이는 방법

이제 자존감을 높이기 위한 몇 가지 방법을 제시해 보려고 한다. 이것은 필자가 스스로에게 적용해서 효과를 얻은 것들이다.

① Soul mate 만들기

자존감은 부모와의 관계에서부터 시작되었다는 것을 위에서 언급했다. 자존감은 중요한 사람들과의 관계를 통해 형성된다. 나를 잘 알고, 있는 그대로의 모습으로 사랑해주는 사람이 옆에 있다면 자존감이 높아진다.

김주환 교수가 쓴 '회복탄력성'이라는 책에는 카우아이 섬에서 진행된 종단연구가 소개되어 있다. 카우아이 섬은 가정환경, 사회 경제적 조건 등이 당시 지구상에서 가장 열악한 곳이었다. 1954년부터 약 30년간 이루어진 이 연구의 목적은 그 섬에서 태어나고 자란 아이들의 삶을 통해 환경이 한 사람의 성장에 어떤 영향을 미치는지를 확인하는 것이었다. 그리고 연구의 결론은 너무나 당연하게 결손 가정의 아이들일수록 학교나 사회에 적응하기 힘들어했으며, 부모가 정신건강에 결함이 있을 때 아이들에게 나쁜 영향을 미치는 것으로 나타났다. 또한 그 중에서도 가장 열악한 환경에서 자란 고위험군 201명은 더 높은 수준의 학교 생활 부적응과 학습장애, 학교와 집에서의 갈등을 일으킨 것으로 드러났다. 즉 환경이 열악할수록 사회 부적응자를 만들어 낼 수밖에 없다는 것이다.

그런데 이상한 점이 발견됐다. 201명의 고위험군 중 3분의 1에 해당하는 72명의 학생들은 오히려 매우 건강한 청년들로 성장했다는 것이었다. 그것도 세상의 모든 부모와 학교 교육이 만들어 내길 원하는 만큼의 멋진 모습으로 말이다.

왜 이런 결과가 나왔을까? 고위험군에 속했음에도 불구하고 훌륭하게 성장한 72명에게는 한 가지 공통점이 있었다. 그것은 그들의 입장을 무조건적으로 이해하고 받아주는 어른이 인생에서 적어도 한 명은 있었다는 것이다.

EBS 방송을 통해 한국에도 잘 알려진 하버드 대학 교육대학원의 한국계 교수인 조세핀 김은 지금의 자신이 있을 수 있었던 건 한 선생님 때문이었다고 고백한다. 그녀는 8세 때 미국 시카고로 이민을 갔다. 당시는 88 서울올림픽이 열리기 전이어서 한국이라는 나라를 아는 사람들이 거의 없었다고 한다.

'동양에서 온 아이'는 이리 치이고 저리 치이기 일쑤였다. 그러던 중에 그녀를 똑같은 '한 아이'로 봐주시는 선생님을 만나게 된다. 그 선생님은 영어를 못하는 조세핀을 위해 매일 쉬는 시간마다 과외를 시켜 주었다. 영한사전과 온갖 그림들을 가져다가 영어 단어의 뜻을 가르쳐 주기 시작했다. 그리고는 낱말 퀴즈 사전 맨 위에 '100'과 'Wonderful!'을 아주 크게 써주었다. 아주 큰 웃음을 띠고서.

그것은 조세핀 교수의 삶을 완전히 변화시켰다. 그 후 6개월 만에 영어를 마스터했고, 조용히 눈에 띄지 않던 그녀가 손을 들고 적극적으로 대답하는 아이가 된 것이다. 누군가의 진심어린 관심과 행동이 한 사람의 인생을 송두리째 바꿔 버린 것이다.

자존감을 높이기 위한 가장 좋은 방법은, 인생의 소울 메이트,

멘토, 코치 등을 만드는 것이다. 성공한 사람들 뒤에는 그들을 사랑하고 지지한 인물들이 반드시 있다. 나를 잘 알고 있는 그대로의 모습으로 바라봐 줄 수 있는 사람을 만들라. 그리고 그런 관계를 유지하는 데 적절한 시간과 에너지를 투자하라. 그것이 가장 효과적이고 장기적인 변화를 만들 수 있는 방법이다.

- ✔ 주변에 나를 있는 그대로 봐주고 사랑해 주는 사람이 있는가?
- ✔ 진심 어린 조언을 해주고 자신의 일처럼 생각해 주는 사람이 있는가?

"사람은 결국 사랑을 먹고 산다."

-톨스토이

② 인생의 가치를 분명히 세우기

두 번째는 다른 사람들에게도 유익을 끼칠 수 있는 인생의 가치를 세우고 실천하는 것이다. 다른 사람들을 진심으로 돕는 행동은 결국 자기 자신에 대한 신뢰감을 높여 준다. 사람은 사랑을 주고받으면서 성장한다. 누군가를 순수하게 돕는 행동만으로도 자존감은 높아진다.

미국 노예해방을 위해 자신의 일생을 바쳤던 링컨의 말을 들어보자.

"나는 이기기 위해 산다기보다는 내가 가진 진실을 다른 사람들에게 하나라도 더 증명해 보이기 위해서 살고 있다. 나에게는 성공적인 삶보다는 내가 가진 빛을 따라가는 삶이 더 가치가 있다."

링컨에게는 명확한 목적지가 있었다. 그리고 사람에 대한 소중함이 담긴 명료한 가치가 있었다. 이러한 가치를 따라 사는 사람들의 자존감이 낮을 수 있을까? 대가를 바라지 말고 누군가를 도와보라. 그 과정에서 자존감이 상승하는 것을 경험할 것이다. 그리고 누군가에게 유익을 끼칠 수 있는 건강한 인생 가치관을 정립하라.

"다른 사람을 위해 좋은 일을 하면서 자신을 나쁘게 평가할 수 있을까?"

-존 맥스웰

③ 자신과의 대화 관리하기

자신에 대한 관점을 바꾸려면 자신에게 '말하는 방식'을 바꾸어야 한다. 생각은 내면의 언어로 만들어진다. 겉으로 드러나는 말과 행동이 있기 전에 이미 내면의 대화가 있다. 예를 들면, '아 짜증나', '난 항상 이런 식이지', '나를 한 번 믿어보자'와 같은 대화가 먼저 있었던 것이다. 이를 자아 커뮤니케이션 또는 내면의 대화라고 한다. 앞서 부모님을 통해 전해진 메시지가 무의식에 심어진다는 것을 기억하는가? 자존감이 낮다는 것은 부정적 메시지가 내면을 지배하고 있다는 의미이기도 하다. 자존감이 낮은 사람은 내면의 언어가 부정적이다. 내면의 언어가 부정적이기 때문에 생각이 부정적이 되는 것이다. 내면의 대화를 의식적으로 관리한다면 자존감은 높아진다. 언어가 달라지면 생각이 달라진다. 그것은 태도의 변화로 이어지고 행동을 바꾼다. 그리고 결국 인생이 바뀌게 된다.

사람은 자신이 말하는 대로 된다. 이를 심리학에서는 자성예언 (Self-Fulfilling Prophecy)이라고 한다. 이는 세계적인 두 화가 피카소와 반 고흐의 삶에서도 발견된다.

피카소는 "나는 미술사에 한 획을 긋는 화가가 될 것이다", "나는 최고로 성공하는 화가가 될 것이다"라고 자신 있게 말하곤 했다. 실제로 그는 당대 최고의 화가로 인정받았고 백만장자가 되었다.

반면 또 한 명의 천재적 화가였던 반 고흐는 "나는 이렇게 비참하게 살다 죽을 것 같아", "불행은 나를 절대로 떠날 것 같지 않아"라는 식의 말을 많이 했다. 그의 편지나 글에서는 이와 같은 말이 많이 발견된다. 그의 말대로 그의 인생은 권총 자살로 막을 내리게 된다. 그의 훌륭한 작품들도 그가 죽고 난 다음에 인정을 받게 된다.

평소에 자신이 쓰는 언어를 점검하고 의식적으로 그것들을 바꿔 보라. 이 행동을 지속적으로 반복하다 보면 어느 시점에 이르러 눈에 보이는 변화를 느낄 수 있을 것이다. 또 하나는 자신의 셀프 이미지를 자세히 관찰하고 그것을 언어로 표현해 보는 것이다. 그렇게 하면 어린 시절 상처로 인해 무의식에 심어진 메시지가 무엇인지를 정확하게 알 수 있다.

필자는 '뛰어난 성과를 내지 못하면 넌 무가치해'라는 셀프 메시지를 정리하고 그것을 바꾸기 위해 자신과의 대화를 오랫동안 해왔다. 평소 긍정적인 언어습관을 갖는 것, 자신의 셀프 이미지를 언어로 표현해 보고 긍정적인 언어로 바꾸어 가는 것, 이 두 가지를 반복하면 건강한 자존감을 형성하는 데 많은 도움이 된다. 그냥 말로 하는 것보다는 일기형식으로 기록해 두는 것이 훨씬 더 효과적이다. 내면의 언어가 바뀌면 자존감은 자연스럽게 올라간다.

"당신이 하는 대화 중 가장 중요한 대화는 당신 자신과 하는 대화이다."

-지그 지글러

④ 자신만의 스타일을 존중하기

SBS에서 방영된 오디션 프로그램 'K팝 스타'를 본 적이 있는가? 이 프로그램에는 개성 있는 두 명의 심사위원이 등장한다. 바로 박진영과 양현석이다. 둘은 우리나라를 대표하는 3대 연예기획사에 속하는 JYP와 YG의 대표이기도 하다. 둘 다 뛰어난 리더십으로 성공을 거두고 있지만 이들의 스타일은 매우 대조적이다.

먼저 박진영은 매우 치밀하고 규칙적인 스타일이다. 매일 아침 8시에 일어나서 15분 안에 정해진 식단에 따라 건강식을 챙겨 먹는다. 그리고 나서 1시간 동안 목을 풀고 자신이 만든 음악에 맞추어 스트레칭을 한다. 더 놀라운 사실은 이 모든 과정이 최단시간에 이루어질 수 있도록 이동 루트가 정해져 있다는 것이다. 더더군다나 그는 이런 습관을 15년 전부터 유지해 오고 있다고 한다.

반면 양현석은 자고 싶을 때까지 자는 스타일이다. 아침 10시든 오후 1시든 일어나고 싶을 때 일어나서 회사에 출근한다. 그의 좌우명은 '누우면 자고, 주면 먹는다'라고 한다. 양현석은 학창시절 공부도 잘 못했고 '꼴통'이라고 불릴 만큼 장난꾸러기였다고 한다. 알려진 바와 같이 양현석의 최종 학력은 고졸이다. 공업고등학교를 졸업했다. 고교시절 좋아하는 선생님에게 잘 보이기 위해 10등 안에 든 것이 그의 최고 성적이다. 이에 반해 박진영은 명문대를 졸업했고, 영어회화 실력도 출중하다.

하지만 이 둘은 대조적인 스타일과는 상관없이 누가 더 뛰어나다고 할 수 없을 정도로 같은 분야에서 다른 방식으로 훌륭한 성과를 내고 있다. 자신만의 스타일로 자신만의 성공패턴을 만들고 있는 것이다.

이러한 예는 얼마든지 있다. 세계적인 기업 애플과 마이크로소프트의 전 CEO인 잡스와 게이츠 역시 둘 다 눈부신 성과를 이룩했지만 그들의 스타일 역시 매우 대조적이었다.

잡스는 다른 회사의 모방품보다는 세계를 놀라게 할 만한 제품을 만들어내는 데 인생을 걸었으며, 새로운 시장을 개척하려고 했다. 그래서 성공할 때는 홈런을 치듯이 대박을 쳤지만 실패했을 땐 완전히 곤두박질치기도 했다.

반면 게이츠는 제품의 완성도보다 비즈니스 기회를 중시했다. 앞서 가는 기업을 분석해 따라 하고 개량함으로써 라이벌을 물리치는 2인자 전략으로 경영의 안정화를 꾀한 것이다. '잡스는 황야를 개척하고, 게이츠는 그 뒤에 수확을 한다.' 두 사람의 경영 스타일을 이렇게 요약한 사람도 있다.

결국 이들의 뛰어난 리더십은 획일화된 특징에 기인한 것이 아니라 자신을 깊이 이해하고 자신만의 스타일을 잘 살린 데서 왔다고 볼 수 있다. 이들은 대조적인 경영방식에도 불구하고 둘 다 괄목할 만한 성과를 이룩했기 때문이다.

자존감이 높아지려면 자신만의 스타일을 긍정적인 관점으로 바라보고 존중하는 것이 필요하다. 결국 자신의 스타일을 건강하게 바라볼 때 그에 맞는 최상의 성공 전략이 나올 수 있다.

성격유형을 예로 들어 보자. 내향적인 사람이 "난 왜 이렇게 나 자신을 자신 있게 표현하지 못할까? 어떻게 하면 외향적인 성격이 될 수 있을까?"와 같은 관점을 가지고 있다면 평생 열등감을 가지고 살아야 할 것이다. 우선은 자신의 스타일에 대해 있는 그대로 바라보고 존중하는 것이 선행되어야 한다. 그렇게 되면 자신의 약점을 보완하는 것도 수월해진다. "나는 신중하고 차분해. 세심하게 관찰하는 것도 뛰어나. 그리고 말보다는 글로 표현할 때 표현을 좀 더 잘 하는 것 같아." 하는 식으로 먼저 자신의 강점을 인식해야 한다. 그리고 나서 "그렇지만 상황에 따라 타이밍을 좀 더 빨리 하는 것이 나을 수 있어." 하는 식으로 개선점을 보완해 나가는 것이다.

자신의 성격 자체를 부정하고 전혀 다른 성격으로 변해야 한다는 식으로 바라본다면 자존감은 점점 더 낮아질 것이다. 자신만의 스타일을 인정하고 존중해 주라. 사람은 있는 그대로의 모습을 존중받을 때 자신감을 가지고 자신만의 스타일로 성과를 낸다는 것을 기억하자.

"내 자신에 대한 자신감을 잃으면, 온 세상이 나의 적이 된다."

-랄프 왈도 에머슨

부모님의 성격이 자신과 너무 달라서 어린 시절 자신만의 스타일을 이해받지 못하고 존중받지 못한 사람일수록 자신의 스타일에 대해 부정적일 가능성이 높다. 또한 그것을 극복하는 것도 상대적으로 더 힘들어한다. '자기이해'가 중요한 이유는 여기서도 나타난다. 자신에 대한 이해가 깊어질수록 자신만의 스타일을 존중해 줄 수 있는 안목이 넓어질 것이기 때문이다. 특별히 자신의 타고난 성격을 깊이 이해하는 것이 도움이 된다. 앞에서 제시한 MBTI나 에니어그램 성격검사 등을 활용하여 자신을 보다 깊이 이해해 나갈 것을 권한다.

자신을 받아들이는 정도가 커질수록 남과 비교하는 습관도 조금씩 사라지게 된다. 박진영과 양현석을 단순 비교하는 것이 의미가 있을까? 그들은 그들만의 스타일과 페이스를 따라 자신만의 길을 걷고 있다. 게이츠와 잡스도 마찬가지다. 성과를 내는 방식은 사람마다 다르다. 비교는 남과 하지 말고 자기 자신과만 하라. 1년 전의 나와 지금의 내가 어떻게 달라졌는지, 또 1년 후의 나는 어떻게 성장할 것인지에 대해 고민하는 것이 다른 사람과 비교하는 것보다 훨씬 더 생산적인 결과를 낳는다.

문제는 당신이 어떤 스타일인가 하는 것이 아니라 그것을 어떤 관점으로 바라보는가 하는 것이다.

자신만의 스타일을 인정하고 존중해 주기 바란다. 자신을 있는 그대로 바라봐 주고 지지해 주라. 그런 습관을 들이기 위해 구체적인 계획을 세우라. 자신만의 성공 프로세스를 만들라.

"인생을 바꾸고 싶다면 자신에 대한 관점을 바꾸어야 한다."

-존 맥스웰

이 외에도 작은 목표를 세우고 이루어 보기, 감사일기, 매일 밤 자신의 성과를 열거해 보기 등 자존감을 높일 수 있는 방법들은 다양하다. 중요한 것은 자신에게 맞는 방법을 선택하고 꾸준히 의식적으로 관리하는 것이다. 꽃에 매일 조금씩 물을 주듯이 그렇게 자신을 돌보기를 바란다.

건강한 자존감은 당신의 험난한 여정에 든든한 버팀목이 되어 줄 것이다. 자기 자신에게 가장 확실한 지원군은 바로 당신 자신이다.

"자신의 능력을 믿어야 한다. 그리고 끝까지 굳세게 밀고 나가라."

-로잘린 카터

에필로그

나무박사 강판권을 알고 있는가? 강판권은 농촌에서 태어나 성장했다. 그리고 점수에 맞춰 계명대 사학과에 입학했다. 사학에 특별한 뜻을 두고 진학한 것은 아니어서 공부에는 큰 관심이 없었다고 한다.

졸업 이후 취직이 되지 않아 울며 겨자 먹기로 대학원에 진학했지만, 대학원 졸업 후에도 취직이 되지 않자 또 어쩔 수 없이 박사과정에 진학하게 된다. 졸업을 위해서는 학위논문을 써야 했지만 너무 어려워 포기한다. 주제를 '양모 운동 당시의 이홍장의 외교정책'으로 잡았는데 외교정책과 관련된 논문이라 영어, 프랑스어, 러시아어로 되어 있는 외교문서를 읽어야 했기 때문이다.

어려움 속에서 자신을 돌아보게 되었고 자신이 농촌 출신이라는 생각이 떠올랐다. 그래서 농업에 대해서는 잘할 수 있으리란 생각에 '중국의 농업사'로 논문 주제를 바꾸었다. 논문의 주제가 바뀌자 공부가 재미있어서 도시락을 두 개씩 싸 가지고 다니면서 공부를 했다. 그리고 결국 박사학위를 취득했다. 하지만 박사학위를 가지고 있어도 역시나 취직이 되지 않았다. 그래서 교수가 되려는 생각을 접고 중고등학교 교사가 되려 했지만 이마저도 쉽지 않았다.

그러던 어느 날 자신의 전공과는 아무 상관이 없는 '신갈나무 투쟁기'라는 책을 보게 됐는데 너무 재미가 있었다. 그리고 다음 날부터 계명대학교 안에 있는 나무를 하나하나 다 세고 관찰하기 시작했다. 나무를 공부한 사학자는 결국 '나무열전', '공자의 나무 장자의 나무'와 같은 책을 집필하게 된다.

사학, 농촌에서의 삶, 나무가 하나의 선으로 연결될 것이라고 누가 상상이나 했겠는가? 그가 자신의 내면의 작은 소리들을 무시했다면 결코 나올 수 없는 조합이다. 그리고 결국 그는 계명대학교 사학과 교수로 임용되었다.

"젊은 시절 호기심과 직관을 따라 다양한 것들에 매료됐고, 나중에 되돌아보니 점처럼 찍어왔던 그 경험들이 하나의 선으로 연결돼 있었습니다. 미래를 내다보며 점들을 이을 수는 없으므로 여러분은 그 점들이 어떤 식으로든 이어질 것이라고 믿어야 합니다."

스탠포드 대학 졸업 연설에서 스티브 잡스가 했던 말이다. 잡스의 말처럼 인생은 작은 점들이 하나의 선으로 연결되는 것이 아닐까 한다.

필자 역시 지금과 같은 주제로 책을 집필하게 될 것이라고는 전혀 상상하지 못했기 때문이다. 그저 나의 관심과 직관을 따라 걸어오다 보니 어느덧 이 순간까지 오게 되었다. 물론 그 과정에서 많은 어려움들이 있었다. 다만 지금은 그 모든 과정이 하나의 선이 되어 의미를 가지게 되었을 뿐이다.

　마지막으로 하고 싶은 말은 자신에 대한 깊은 성찰을 중심으로 인생의 다양한 상황에 유연하게 대처하라는 것이다. 인생은 꼭 계획대로 흘러가는 것은 아니기 때문이다. 자신에 대한 이해가 충분히 되어 있는 사람은 그 모든 상황에서 자신만의 의미를 찾아 나간다. 잡스처럼, 강판권 교수처럼 말이다.

　지금 이 책을 읽은 당신이 어떤 상황에 있는지 필자는 전혀 알 수 없다. 하지만 자신의 내면의 소리에 귀를 기울이고 최선을 다해 점들을 찍어 나간다면 자신만의 아름다운 길을 만들어 갈 수 있다고 확신한다. 중요한 것은 자신의 내면으로부터 시작하는 것이다.

　당신이 찍고 있는 작은 점들이 아름다운 선이 되는 그날을 기대한다.

　당신만의 길을 만들어가는 모든 과정을 진심으로 응원한다.

Not doing but being.

'무슨 일을 할 것인가'보다 중요한 것은
'어떤 사람이 될 것인가' 하는 것이다.

참고도서

· 김영애, 『사티어의 빙산의사소통』, 김영애 가족치료연구소, 2012

· 김주환, 『회복탄력성』, 위즈덤 하우스, 2011.

· 곽윤정 외, 『내 아이의 강점지능』, 21세기 북스, 2013.

· 다케우치 가즈마사, 『평전 스티브 잡스 VS 빌 게이츠』, 김정환 옮김, 예인, 2010.

· 돈 모건, 아이번 마이즈너, 『휴먼 네트워킹』, 윤형섭 옮김, 오래, 2011.

· 미야기 마리꼬, 『커리어 카운슬링』, 오영훈 옮김, 라이프커리어전략연구소, 2008.

· 모로토미 요시히코, 『행운에도 법칙이 있다』, 정세한 옮김, 앱투스 미디어, 2009.

· 사이먼 사이넥, 『나는 왜 이 일을 하는가』, 이영민 옮김, 타임비즈, 2013.

· 안시우, 『취업 앞에서 머뭇거리는 당신에게』, 지식공간, 2013.

· 양광모, 『귀한 인맥 만들기』, 무한, 2009.

· 양광모, 『인맥에 강한 아이로 키워라』, 예담, 2011.

· 이윤석, 『기적의 직무 코칭』, 조선북스, 2014.

· 조세핀 킴, 『교실 속 자존감』, 비전과 리더십, 2014.

· 윤옥인, 『아이의 다중지능』, 지식너머, 2014.

· 윤정구, 『진정성이란 무엇인가』, 한언, 2012.

· 이민규, 『행복도 선택이다』, 더난 출판사, 2012.

· 이은영, 『회사는 미래의 당신을 뽑는다』, 위너스북, 2013.

· 이지성,『꿈꾸는 다락방』, 국일미디어, 2008.

· 정영미, 김미수 외,『진로력, 10년 후 내 아이의 명함을 만든다』, 라스메이 커, 2013.

· 정지은, 김민태,『아이의 자존감』, 지식채널, 2011.

· 존 맥스웰,『사람은 무엇으로 성장하는가』, 김고명 옮김, 비즈니스 북스, 2012

· 존 브래드 쇼,『상처받은 내면아이의 치유』, 오제은 옮김, 학지사, 2004.

· 존 브래드 쇼,『수치심의 치유』, 김홍찬, 고영주 옮김, 한국기독교 상담연구 원, 2002.

· 폴 D. 티저, 바바라 배런,『나에게 꼭 맞는 직업을 찾는 책』, 백영미, 최석 순 옮김, 민음사, 2012.

· 폴 D 티저, 바바라 배런,『사람의 성격을 읽는 법』, 강주헌 옮김, 더난 출판 사, 2006.

· 한미화,『잡스 사용법』, 거름, 2012.

· 한일영 외,『인문학이 경영을 바꾼다』, 삼성경제연구소, 2011.

· C. Martin,『성격유형과 진로탐색』, 심혜숙 외 옮김, 어세스타, 1999.

· David H. Montross, Theresa E. Kane, Robert J. Ginn, Jr,『자녀를 위한 커리어 코칭』, 김명준, 김은주, 김태진 옮김, 어세스타, 2008.

· Isabel Briggs Myers, Peter B. Myers,『서로 다른 천부적 재능들』, 김정 택, 심혜숙 옮김, 어세스타, 2009.